C·H·Beck
PAPERBACK

Gunnar Hindrichs

Abseits des KRIEGES

Ein philosophischer Essay

C.H.Beck

Originalausgabe

www.chbeck.de
Umschlaggestaltung: geviert.com, Michaela Kneißl
Umschlagabbildung: geviert.com
Satz: C.H.Beck.Media.Solutions, Nördlingen
Druck und Bindung: Pustet, Regensburg
Gedruckt auf säurefreiem und alterungsbeständigem Papier
(hergestellt aus chlorfrei gebleichtem Zellstoff)
Printed in Germany
ISBN 978 3 406 81457 0

myclimate

verantwortungsbewusst produziert
www.chbeck.de/nachhaltig

Inhalt

Vorwort

Der Krieg ist ein Spektakel: sowohl in seiner Diskussion als auch im militärischen Geschehen. Um das zu erkennen, muss man nicht auf Guy Debords seltsame Lehre einer Gesellschaft des Spektakels zurückgreifen. Es genügt das offene Auge. Ihm zeigt sich: Kriegshandlungen, Kriegsanalysen, Kriegsdiskussionen erfolgen heute spektakulär – mit Haupt- und Staatsaktionen, Geheimoperationen, Ränkespielen, Rededuellen, mit guten wie bösen Stars und Sternchen. Dass Menschen sterben, füttert dieses Schauspiel.

Dem verweigern sich die folgenden Reflexionen. Sie vollziehen sich abseits des Krieges. Ihr Ziel ist die Auseinandersetzung mit dem, was Krieg heute ausmacht. Hierfür müssen sie die Eigenbestimmtheit des Krieges unter den Bedingungen unserer Zeit formulieren. Denn eine Philosophie *des* Krieges, die gibt es nicht. Aber es lassen sich Erwägungen anstellen, die die kriegerische Gegenwart unter grundsätzlichen Gesichtspunkten betrachten und so «ihre Zeit in Gedanken erfassen» (Hegel). Solche Erwägungen erteilen keine Anweisung, was zu tun sei. Vielmehr suchen sie zu begreifen, was ist. Entsprechend geht es den folgenden Reflexionen statt ums Sollen um Einsicht: um Einsicht in die Fluchtlinien, in denen der Krieg unserer Gegenwart – der Krieg der «Zeitenwende» – steht. Mehr kann eine Philosophie, die um ihre Voraussetzungen und Grenzen weiß, nicht leisten. Aus den Reflexionen Schlüsse aufs Handeln zu ziehen, wäre dann die Aufgabe politischer Urteilskraft.

Für dieses Ziel hat die Philosophie geistigen Abstand vom Krieg zu nehmen. Das ist leichter gesagt als getan. Denn ein Kennzeichen des Krieges der «Zeitenwende» besteht darin, dass in ihm die Zivilgesellschaft selber sich angegriffen sieht. Darum identifiziert sie sich mit der angegriffenen Partei und neigt dazu, sich nicht identifizierende Stimmen als Parteigängerinnen der gegnerischen Kriegspartei zu verstehen. Das ist ebenso wirksam wie eigentümlich. Denn eigentlich sind das Zivile und der Krieg Gegensätze. Diesen Unterschied verwischt die Selbsteinberufung der Zivilgesellschaft. Sie weiß sich jetzt als Kriegspartei, als Fortsetzung des Krieges mit anderen Mitteln – sie weiß sich als Kriegszivilgesellschaft. Dadurch wird sie ein Integrationsraum im Sinne des Krieges. Spontan und ungezwungen, aus sich heraus, springen ihr Agon und ihr Diskurs der bellizistischen Zweckfunktionalität zur Seite. Ihr Versprechen, den Friedensanspruch des Zivilen zu verwirklichen, vergessen sie hingegen.

Das macht es der philosophischen Reflexion des Krieges schwer. Ihr Medium ist ja der Diskurs und der Agon, und wenn deren zivilgesellschaftlicher Raum selber als Kriegspartei auftritt, dann zergeht dieses Medium. Um es zurückzugewinnen, muss sich die philosophische Reflexion abseits des Krieges vollziehen. Abseits des Krieges – das heißt zweierlei. Erstens hält sich die Philosophie nicht an die Vorgaben der Kriegsparteien, auch nicht an die Vorgaben ihrer zivilgesellschaftlichen Reflexe. Stattdessen spiegelt sie die Sachverhalte von der Seite aus und sucht sie auf Begriffe zu bringen. Nur so entzieht sie sich der Selbsteinberufung des Denkens. Zweitens aber läuft die Philosophie auch Gefahr, ins Abseits *gestellt* zu werden – oder sich selber ins Abseits zu stellen. Denn weil sie den kriegszivilgesellschaftlichen Diskurs unterbricht, droht sie aus dem Bereich dessen zu geraten, was diskursiv Sache ist. Das bleibt ihr nicht äußerlich. Der philosophischen Reflexion geht es ja nicht um Selbstvergewisserung im Winkel. Es geht ihr um die Sache selbst – die als Sache immer auch die Sache anderer darstellt. Solche Sachlichkeit lässt sich nicht privatisieren. Notwendig tritt sie in den Raum des Miteinandersprechens und Miteinanderhandelns ein. Darum formuliert die Wendung «abseits des Krieges» sowohl die Möglichkeitsbedingung philosophischer Kriegsreflexion als auch deren schiefe Bahn.

Aus dieser Zwickmühle gelangt man nicht heraus. Man muss sie aushalten: in der Hoffnung auf Gehör durch andere. Eines allerdings ist festzuhalten: sich abseits des Krieges zu bewegen bedeutet keine Neutralität, keinen Schutz im Winkel, keinen sicheren Ort. Zwar wissen sich die hier dargebotenen Reflexionen nicht als Kriegspartei. Aber sie wissen sich als Partei. Deren Name lautet Antimilitarismus. Das ergibt sich bereits aus dem Gesagten. Denn wenn das Abseits des Krieges den Ort seiner philosophischen Reflexion bildet, und wenn zugleich deren zivilgesellschaftlicher Raum vom Krieg besetzt worden ist, dann besitzt diese Reflexion keine andere operative Bestimmtheit, als sich dem Zugriff des Krieges entgegenzustellen. Das heißt, sie negiert ihn. So muss sie parteilich sein: nicht im Sinne einer emotionalen Entscheidung für oder gegen etwas, sondern im Sinne einer Sachlichkeit, deren Abseitigkeit sie zum Gegensatz macht.

Hinter den folgenden Überlegungen steht daher das Nein zum Krieg. Im Grundtext der europäischen Kriegsreflexion, dem Werk des Thukydides über den Peloponnesischen Krieg, wird der Krieg ein «gewalttätiger Lehrer» genannt, der die Stimmung der Menschen gemäß der Lage zum Einklang bringe. Das gilt wohl noch heute. Allerdings ist mit jener Bezeichnung zugleich ein befreiendes Moment verbunden. Max Weber sah in dem Verfahren des thukydideischen Geschichtswerkes ein Beispiel des okzidentalen Rationalismus vorliegen: einer Vernunft, die in die Entzauberung der Welt mündet. Und in der Tat nehmen die Worte des Thukydides dem Krieg seinen Zauber. Sie entlarven ihn als gewalttätigen Einstimmer unseres Denkens, Handelns und Fühlens. Wer aber dem Krieg seinen Zauber nimmt, der nimmt ihm zugleich seine Macht. Bei aller Problematik des okzidentalen Rationalismus könnte hierin sein Gutes liegen. Mit der Entmythologisierung des

Krieges – dem Aufweis seiner integrativen Stimmungsfunktion – schwächt er dessen Maßgabe. Abseits des Krieges zu denken möchte daran teilhaben.

In diesem Horizont also wäre der folgende Essay zu lesen. Er verfährt in neun miteinander verknüpften Reflexionen über die Grundfaktoren des Krieges heute sowie in einer Abschlussreflexion, die der allgemeinen Gesellschaftsfunktion dieser Faktoren nachgeht. Sein Nachwort spricht dann den impliziten Antimilitarismus des Ganzen aus: um sich dem Ziel des Nachdenkens, dem Frieden, anzunähern.[1]

I. Weltgeschichte

Die Weltgeschichte sei das Weltgericht, sagte Hegel.[1] Eine zweifelhafte Gleichung. Seit zwei Jahren wird die europäische Lage vom Krieg in der Ukraine bestimmt. Und mit Blick auf ihn klingen Worte wie diese seltsam: «Herrlichkeit des individuellen und des Volkslebens, Selbständigkeit, Glück und Unglück der Staaten und der Einzelnen haben in der Sphäre der bewußten Wirklichkeit ihre bestimmte Bedeutung und Wert und finden darin ihr Urteil und ihre, jedoch unvollkommene Gerechtigkeit. Die Weltgeschichte fällt außer diesen Gesichtspunkten.»[2] Hier werden Geschichtsprozesse über die Lebenslage der Menschen gestellt. Diese besitzen keinen Rechtsgrund, gegen jene Prozesse Einspruch zu erheben – ihre endlichen Perspektiven sind zu beschränkt, um den Lauf der Dinge insgesamt beurteilen zu können. Stattdessen spricht die Weltgeschichte das Urteil über Glück und Unglück der Einzelnen: durch ihren nackten Verlauf und in letzter Instanz.

All das könnte auch den Krieg in der Ukraine betreffen. Kriege sind ja geschichtliche Vorgänge. Und mehr noch: der Krieg in der Ukraine erscheint nicht nur als ein Vorgang unter anderen. Man erhebt ihn geradewegs zum weltgeschichtlichen Ereignis. Eine «Zeitenwende» leite er ein, das «Ende einer Ära» zeige er an, eine «epochale Verschiebung» nehme er vor.[3] Die Formulierungen sprechen für sich. Denn Epochen – das sind die Einheiten der großen Geschichte; Ären – das sind deren inhaltliche Bestimmungen;

Zeitenwenden – das sind die Umschläge einer Ära in eine andere. Entsprechend steht der Ukrainekrieg für das Einsetzen eines neuen Zeitalters. Er taktet die Weltgeschichte. Goethe schrieb im Rückblick auf die Kanonade von Valmy: «Von hier und heute geht eine neue Epoche der Weltgeschichte aus, und ihr könnt sagen, ihr seid dabei gewesen.»[4] Den Krieg in der Ukraine als Zeitenwende zu bezeichnen beansprucht den goetheschen Stand.

Darum landen wir bei Hegels Gleichung. Als weltgeschichtliches Ereignis scheint sich der Ukrainekrieg in sie einzuschreiben. Doch das macht die Gleichung zweifelhaft. Denn der Krieg würde dann jenen historischen Gang mitbestimmen, der über dem Glück und Unglück der Staaten wie der Einzelnen, über der Herrlichkeit des individuellen wie des Volkslebens steht. Anders gesagt: er würde zu den Rechtsmitteln des Weltgerichts gehören, und sein Verlauf und Ausgang würden ein Urteil fällen, gegen das die Betroffenen keinen Einspruch erheben könnten. Gerade umgekehrt: was mit ihnen geschieht, gewänne seinen Sinn als Moment jenes Gerichtsverfahrens. Das ist der Skandal in Hegels Gleichung. Kann die Versehrung, die den Menschen im Krieg widerfährt, tatsächlich als der Faktor einer Weltgeschichte verstanden werden, deren Verlauf das letzte Wort hat: als Weltgericht?

Gehen wir der Frage nach. Zunächst ist festzuhalten: Hegel war ein Denker der Negativität. Entsprechend war ihm deren verkörperte Version, das Leid, nicht fremd. Die Weltgeschichte als letzte Instanz der menschlichen Angelegenheiten zu setzen bedeutet daher nicht: das Leid der Einzelnen verkennen. Allerdings bedeutet es auch nicht: das Leid als solches stehen lassen. Stattdessen soll die Negativität, selbst in ihrer verkörperten, leidvollen Form, innerhalb des geschichtlichen Gesamtzusammenhanges konstruktiv mitarbeiten. Hegel: «[I]ndem wir die Geschichte als [...] Schlachtbank betrachten, auf welcher das Glück der Völker, die Weisheit der Staaten, und die Tugend der Individuen zum Opfer gebracht worden, so entsteht dem Gedanken nothwendig auch die Frage, wem, welchem Endzwecke diese ungeheuersten Opfer gebracht worden sind.»[5] Ihre Antwort erhält diese Frage durch den Verweis auf den historischen Gesamtzusammenhang. Dessen Lauf bedurfte des Negativen in ihm – und darum geschah es, nicht im Einzelnen, sondern im Ganzen, zu Recht.

Um das sagen zu können, muss man die Geschichte insgesamt als vernünftige Geschichte begreifen. Daran lässt Hegel keinen Zweifel. Er macht klar: «Die Weltgeschichte ist […] nicht das bloße Gericht seiner Macht, d. i. die abstrakte und vernunftlose Notwendigkeit eines blinden Schicksals, sondern […] die aus dem Begriffe nur seiner Freiheit notwendige Entwicklung der Momente der Vernunft und damit seines Selbstbewußtseins und seiner Freiheit, – die Auslegung und Verwirklichung des allgemeinen Geistes.»[6] Keineswegs also bildet die Schlachtbank der Geschichte den Vollzug nackter Macht. Vielmehr gilt es zu erkennen, dass in ihr das Bewusstsein von Freiheit sich gestaltet: etwas Vernünftiges. Es besteht in der Verwirklichung des allgemeinen Geistes. Wird das eingesehen, lässt sich auch das Unheil der Menschen integrieren: als Faktor jener Verwirklichung.

In dieser Hinsicht erhält das Leid seine historische Aufgabe. Weltgeschichtliches Leid verneint nicht einfach das glückliche Leben. Stattdessen geht es über diese Verneinung hinaus, indem es zu einem Zusammenhang beiträgt, der ein wachsendes Freiheitsbewusstsein zur Folge hat. Um das zu erkennen, muss dieser Zusammenhang ins Auge gefasst werden. Das bedeutet: man darf nicht in Einzelperspektiven verharren, auch nicht in leidgetränkten. Vielmehr braucht es den Blick aufs Ganze. Erst er ermöglicht es, in den negativen Momenten deren positiven Beitrag zu erkennen. Eine solche Erkenntnis geschichtlicher Totalität entziffert den «Fortschritt im Bewußtsein der Freiheit»[7] inmitten von Unheil und Leid.

Nun bedarf all das einer besonderen Formulierung. Man kann sie «Abschlußgedanken»[8] nennen: Gedanken, die das Ganze darzustellen vermögen. Das Ganze der Geschichte aber ist nichts anderes als die – Weltgeschichte. Und jetzt schließt sich der Kreis.

Hegels Gleichung, an der unsere Überlegungen einsetzten, entpuppt sich als die Formulierung eines Abschlussgedankens. Das heißt: man muss die Weltgeschichte denken, um die Funktion des historischen Leids zu begreifen, und umgekehrt wird dann, wenn man diese Funktion begreift, die Weltgeschichte gedacht. Von der Weltgeschichte als dem Weltgericht zu reden, bedeutet hiernach nicht: gewisse Ereignisse rechtfertigen. Stattdessen bedeutet es: Geschichtsprozesse in ihren Gesamtzusammenhang integrieren. In solcher Integration rücken dann die «Herrlichkeit des individuellen und des Volkslebens» sowie das «Glück und Unglück der Staaten und der Einzelnen» in die zweite Linie. So negativ sie sind, so wenig behalten sie das letzte Wort.

Das klingt gut. Werden so nicht die Geschichtsprozesse aus ihrer Beliebigkeit herausgeholt und in einen Sinnzusammenhang gebracht? Und lassen sich dadurch nicht Unheil und Leid – und also auch der Krieg – vernünftig bewältigen?

Allein, vor drei Dingen darf man die Augen nicht verschließen. Erstens ist der Abschlussgedanke eines historischen Gesamtzusammenhanges ein metaphysischer Gedanke. Er geht auf das geschichtlich Absolute. Schließlich steht die Weltgeschichte unter keinen historischen Bedingungen mehr – sie enthält ja alle historischen Bedingungen in sich. Entsprechend bildet sie das Unbedingte in geschichtlicher Gestalt. Darum beinhaltet die Integration des historischen Leids eine implizite Metaphysik. Man muss fragen, welcher Art diese Metaphysik ist. Die Antwort darauf ergibt, zweitens: diese Metaphysik vergisst die Zukunft. Ein Abschlussgedanke über Geschichtsprozesse kann nur bis zu seiner eigenen Gegenwart reichen. Was zukünftig sein wird, überschreitet seine Reichweite. Dann aber denkt er in Wahrheit keinen historischen Gesamtzusammenhang. Schließlich besitzt die Weltgeschichte im Ganzen drei Dimensionen: Vergangenheit, Gegenwart, Zukunft. Das hatten bereits die Junghegelianer ihrem Meister vorgeworfen: wer die Zukunft übersieht, integriert die Geschichte immer nur vorläufig.[9] Ein vorläufiger Abschlussgedanke aber ist kein Abschlussgedanke. Er bleibt ein Provisorium. Und wieso dann die von ihm dargestellte Weltgeschichte mehr als nur eine vorläufige Epoche bilden soll, wird unklar.

Drittens schließlich besitzt diese Metaphysik der Geschichte eine eigentümliche Bestimmtheit. Sie versteckt sich direkt in der Formel «die Weltgeschichte ist das Weltgericht». Die Formel stammt aus Schillers Gedicht «Resignation».[10] Und um Resignation geht es – freilich im strengen Sinn. Denn der Titel des Gedichtes bemüht die Frömmigkeitsfigur einer *resignatio ad infernum*, einer Einwilligung in die eigene Verdammnis. Man glaubte: lieber mit Christus in der Hölle als ohne Christus im Himmel; denn einen menschlichen Anspruch auf Erlösung, den gibt es nicht. Hier steigerte sich die fromme Entsagung ins Extrem. Zwar verrät diese Figur ein Fehlverständnis christlicher Eschatologie.[11] Aber für unseren Zusammenhang bleibt: die Resignation gibt den Anspruch auf Erlösung auf. Und genau das führte Hegel mit dem Schillerzitat in das Geschichtsdenken ein. «Die Weltgeschichte ist das Weltgericht» sagt: wir Menschen in unserer Geschichte müssen auf Erlösung von der Geschichte verzichten. Wir unterliegen der Geschichte, ohne dass es einen Gott gäbe, demgegenüber wir den Anspruch erheben könnten, die Geschichtsprozesse in glücklicherer Weise zu lenken. Nur deshalb steht die Weltgeschichte selber nicht mehr vor Gericht, sondern bildet es; nur deshalb spricht sie – und nicht Gott – das höchste Recht über der Menschen Dinge.

Hieraus ergibt sich: Hegels Gleichung, die die Schlachtbank der Geschichte als Arbeit am Freiheitsbewusstsein zu deuten sucht, resigniert vor der Hoffnung, es gebe einen Gesichtspunkt der Erlösung von der Schlachtbank. Was bleibt, ist die Entzifferung geschichtlicher Gewalt als hilfreiches Übel innerhalb einer Weltgeschichte, die im Recht ist und deshalb Recht spricht. Wer die Geschichte vernünftig betrachtet, erkennt diese Vernunft in der Geschichte. Ihr dient nicht zuletzt die Unvernunft des Krieges.

Doch wie gesehen vermag die dazu nötige Metaphysik nur vorläufige Abschlussgedanken zu denken – und also gar keine. Entsprechend kann sie die Grundlage jener Resignation nicht liefern. Stattdessen bläst sie ihre Partialerfassung des Gegebenen, nämlich ihre Erfassung der bisherigen Geschichte vom Standpunkt der Gegenwart, zur Totalerfassung auf. Das schlägt auf die Gleichung von der Weltgeschichte als Weltgericht zurück. In ihr maskieren sich die historischen Gegebenheiten als Recht, und das Recht als historische Gegebenheiten. Beides will ein und dasselbe sein, ohne es zu sein. Denn könnte nicht die Zukunft die bisherige Weltgeschichte verurteilen? Das heißt: die resignierende Metaphysik der Geschichte verfehlt deren wahren Gesamtzusammenhang. Sonst müsste sie die Zukunft zu erfassen suchen – was ihrer Resignation gegenüber dem Gesichtspunkt der Erlösung zuwiderliefe.

So wird die Gleichung schal, und die Einheit von Geschichtsprozessen und Recht zerbricht. Die Geschichte lässt sich nicht mehr als Gericht betrachten. Das hat eine eigentümliche Folge: die Einheit von Weltgeschichte und Weltgericht fällt in ihre zwei Seiten auseinander. Entweder man setzt den Vorrang der Geschichtsprozesse, oder man setzt den Vorrang des Rechts. Im ersten Fall gerät die Geschichte zum bloßen Vollzug von Macht, im zweiten Fall zum Exerzierfeld von Normen. Was aber wird dann aus der weltgeschichtlichen Taktung des Ukrainekrieges – was wird aus der Zeitenwende? Das Ergebnis ist klar: sie gerät entweder zum epochalen Machtkampf oder zur entscheidenden Durchsetzung des Rechts.

Heute geschieht genau das. Die einen verstehen den Krieg als Mittel zur Rechtsdurchsetzung gegen einen Unrechtsstaat, die anderen verstehen ihn als Sicherungs- und Verteidigungskampf gegen Expansionsgelüste. Die Theorie internationaler Beziehungen nennt das den Gegensatz von «Idealismus» und «Realismus». Vor Hegels weltgeschichtlichem Konzept zeigt sie unfreiwillig: wir bewegen uns auf nachmetaphysischem Stand, hantierend mit den Zersetzungselementen eines metaphysischen Denkens, ohne sie zu begreifen noch zu bewältigen. Marx schrieb einmal: «Die Tradition aller toten Geschlechter lastet wie ein Alp auf dem Gehirne der Lebenden.»[12] Im Fall des Zeitenwendekrieges ist es der Alp einer geschichtlichen Totalität, deren Abschlussgedanke vor hundertachtzig Jahren verendete. Unter seinem Druck beschwört man eine epochale Verschiebung, ohne den Gesamtzusammenhang, den solche Beschwörung erfordert, noch denken zu können: unbegriffenes Echo im Hohlraum der zerbrochenen Formel, die Weltgeschichte sei das Weltgericht.

II. Recht

Wer Krieg führt, meint meistens, recht zu haben. Wenn der frühere Bundeskanzler, fünfzehn Jahre nach dem Fest, bekannte, Deutschland habe mit der Bombardierung Serbiens an einem Völkerrechtsbruch teilgenommen, dann gestand er nicht deren Unrecht ein.[1] Vielmehr spielte er auf höhere Rechte an, um derentwillen das Völkerrecht hatte gebrochen werden müssen: die in einer humanitären Katastrophe beschädigten Menschenrechte. Vor solchen Rückgriffen schrecken andere zurück. Habermas etwa rechtfertigte jene Bombardierung mit der Formulierung, sie sei «hauchdünn» vom Völkerrecht legitimiert gewesen.[2] Hiernach fällt etwas nicht einfach unter eine Rechtsnorm oder nicht. Stattdessen erfasst das Recht eine Handlung mehr oder weniger, und man hat gerade noch Glück gehabt, dass sie nicht im Regen stand. Ersichtlich redet man so nur dann, wenn Zweifel sich regen. Weder in dem einen noch in dem anderen Fall will man den eigenen Krieg im Unrecht sehen – und betreibt einigen Rechtfertigungsaufwand.

Das ist keine neue Sache. Im platonischen Dialog *Alkibiades I* antwortet die Titelfigur – der Stratege Alkibiades als junger Mann – auf eine Frage des Sokrates: «wenn einer auch dächte, man sollte gegen die, die recht handeln, Krieg führen, so würde er es doch nicht eingestehen.» Sokrates fügt an: «Denn dies ist nicht gesetzlich», worauf Alkibiades zustimmt: «Freilich nicht, und auch für schön wird es ja nicht gehalten.»[3] So unterwirft man seine Kriegsgelüste dem Recht, weil man weder gesetzlos noch hässlich handeln möchte. Allerdings kann Alkibiades dem Sokrates keine überzeugende Antwort auf die Frage geben, woher er denn um Recht und Unrecht wisse. Vielmehr verwickelt er sich in Aporien: weil er meint, um Recht und Unrecht zu wissen, ohne es wirklich zu tun; ein Nichtwissen aber, das zu wissen glaubt, ist verantwortlich für alles Übel. Einziger Ausweg: sein Nichtwissen einzugestehen und nach Einsicht in die Idee des Rechten zu streben.[4] Hiernach hilft in den Rechtsfragen des Krieges nur der Überstieg aus der Sinnenwelt in das Reich der Ideen. Es hilft nur Metaphysik.

Warum eigentlich dieser – alte wie neue – Rechtfertigungsaufwand? Vermutlich deshalb: das Recht birgt ein wichtiges Versprechen. Es lautet: die Gegebenheiten behalten nicht das letzte Wort. Dieses Versprechen ist bereits in der frühen Unterscheidung von Physis und Nomos angelegt. Als die griechischen Städte über den Sachverhalt nachdachten, dass ihre Gebräuche, Sitten und Gesetze von Ort zu Ort unterschiedlich waren, während doch die Natur überall dieselbe blieb, unterschieden sie die beiden Bereiche.[5] Sie sahen: die Natur ist gegeben, aber die Regeln des politischen Miteinanders werden von den Menschen gesetzt. Dadurch gehen diese Regeln über das einfach Gegebene hinaus. Hiermit ist noch kein Bruch zwischen Physis und Nomos, zwischen gegebener Natur und gesetztem Recht verbunden. Aber es führt einen wichtigen Unterschied ein. Man kann ihn dahingehend deuten, dass das Gegebene noch etwas anderem begegnet, dessen Anspruch über die Gegebenheiten hinausgeht.

Dieser Anspruch wurde in der Moderne unter neuen begrifflichen Vorzeichen ausgebaut. Letztlich mündete er in die Differenz von Faktizität und Geltung.[6] Faktizität – das betrifft die Welt der Tatsachen und Gegebenheiten. Geltung hingegen erstreckt sich immer auch ins Kontrafaktische. Denn ein Gesetz, ein Recht, eine Forderung gelten auch dann, wenn die Tatsachen sie nicht erfüllen, sie verletzen oder ihnen zuwiderlaufen. Und eben hierauf beruht das Versprechen des Rechts: das Gegebene besitzt nicht das letzte Wort. Es muss sich an einem Aufgegebenen messen lassen. Im Zweifelsfall kann sich dieses Aufgegebene gegen das Gegebene stellen. Was gilt, bildet daher mehr als eine Angelegenheit nackter Tatsachen. Es besitzt eine Form von Notwendigkeit – keine kausale und keine logische, aber eine fordernde, die auch wider das auftritt, was der Fall ist. In diesem Sinne begegnet hier das Faktische dem Kontrafaktischen.

Auch die Verknüpfung von Krieg und Recht steht in diesem Zusammenhang. Kriege gehören zum Gegebenen: sie sind Tatsachen in einer Welt von Tatsachen. Darum muss man mit ihnen rechnen. Aber diese Tatsächlichkeit ist nicht alles. Denn wenn Kriege sich mit dem Recht verknüpfen lassen, dann gründen sie zugleich in etwas Kontrafaktischem. Zwar bleibt die Welt der – politischen, gesellschaftlichen, ökonomischen, kulturellen, psychologischen – Bestände der Kontext und der Boden von Kriegen. Doch dieser Kontext und Boden beugt sich Forderungen, die über Kontexte und Böden hinausgehen. Das erlaubt es, zwischen rechtmäßigen und unrechtmäßigen Kriegen zu unterscheiden. Entsprechend stehen Kriege in der Spannung zwischen Faktizität und Geltung. Sie wollen nicht nur gegeben sein, sondern auch aufgegeben – oder zumindest im Einklang mit dem Aufgegebenen stehen, nämlich mit den Forderungen des Rechts.

Solchen Einklang stellen gewöhnlich Rechtfertigungserzählungen her. Im Ukrainekrieg sieht sich Russland im Recht, weil es eine ökonomische und militärische Einkreisungsstrategie der Staaten des Nordatlantikpaktes abwehren müsse, die auf seine innere Zerrüttung und äußere Bedrohung abziele. Die Ukraine wiederum sieht sich im Recht, weil ihre Selbstbestimmung und territoriale Integrität verletzt wurden. Und die Staaten des Nordatlantikpaktes sehen sich mit ihrer finanziellen, logistischen, technischen Fütterung der Ukraine im Recht, weil der Bruch des Völkerrechts durch den Angriffskrieg eines Unrechtsstaates ihren Beistand fordere. Hier verkeilen sich gegenläufige Rechtfertigungserzählungen ineinander. Sie feuern den Krieg von allen Seiten an.

Eine Instanz, die über sie insgesamt Recht sprechen könnte, gibt es nicht. Zwar besteht eine Anzahl internationaler Gerichte. Aber sie bergen ein grundsätzliches Problem. Den normativen Fluchtpunkt internationaler Gerichte bildet die Weltbürgerlichkeit.[7] Sie verstehen alle Menschen dieser Erde als Bürger der einen Welt. Darum kann sich ihre Gerichtsbarkeit über sie erstrecken. Philosophisch wurde der Fluchtpunkt «Weltbürgerlichkeit» insbesondere durch Kant geprägt: als die Idee, in der die naturwüchsigen Auseinandersetzungen zwischen Staaten durch deren allgemeines Rechtsverhältnis überwunden werden, mit der unendlichen Aufgabe eines ewigen Friedens.[8] Diese Idee bleibt bestehen. Für die internationale Gerichtsbarkeit bildet der Fluchtpunkt «Weltbürgerlichkeit» aber keine Idee. Er wird zur Arbeitsmaxime. Und damit drücken die internationalen Rechtsinstanzen nicht nur, in gewohnter Eindimensionalität, dem Rest der Welt die bürgerlichen Rechtsverhältnisse auf.[9] Unter der Hand verwandeln sie auch alle zwischenstaatlichen Kriege in Weltbürgerkriege. Denn indem die internationale Gerichtsbarkeit alle Menschen als Bürger einer Welt versteht, versteht sie deren Kriege als Kriege innerhalb einer planetarischen Bürgerschaft.

Damit zieht sie die klassische Kriegseinhegung zurück. Seinerzeit bestand die Leistung des Westfälischen Friedens darin, den Krieg, der zwischen Staaten herrscht, von den konfessionellen Bürgerkriegen zu unterscheiden. Das Trauma eines Dreißigjährigen Krieges – «Wir sehen keine Stadt! wie ist der Ort verworren / Mit dunkelrother Glut: Die Häuser sind verschorren / In Asch' und in sich selbst: Wird auch noch iemand seyn, / Der aus den Kohlen sucht ein halb=verbrandt Gebein / Von denen die der Schlaff dem Feuer hat verrathen! /Wir schauen deren Noth die in den Flammen braten / Und wissen keinen Rath»[10] – ließ sich auf diese Weise rechtlich beenden. Denn nun konnten gegenläufige Sittlichkeiten friedlich nebeneinander bestehen. Ihr Friedensschluss betraf nicht mehr ihre Gehalte. Er betraf allein ihr äußeres Verhältnis.

Seither galt es, auf den Unterschied zwischen Bürgerkrieg und Staatenkrieg zu achten. Für Carl Schmitt und seine Schüler wurde das nachgerade zur Besessenheit. Jede ideologische Aufladung des Politischen drohte ihnen die alten konfessionellen Bürgerkriege in säkularisierter Gestalt wieder zu erwecken. Und weil die Welt sich seit dem neunzehnten Jahrhundert in Konservativismus, Liberalismus, Sozialismus entzweite, sei ein Weltbürgerkrieg entstanden, dessen Friedensschluss nur durch die dezisionistische Souveränität autoritärer Staaten verhindert werden könne: mit einer ideologisch inhaltsleeren, rein existentiellen Freund-Feind-Unterscheidung.[11] Indessen hatte diese Position keine Schwierigkeiten, sich mit einer Ideologie, nämlich dem Faschismus, zu verbinden. Das weist auch darauf hin, dass die souveräne Entscheidung inhaltliche Streitigkeiten keineswegs übersteigt, sondern selber einen politischen Inhalt darstellt. Entsprechend führt sie aus dem ideologischen Bürgerkrieg nicht heraus. Vielmehr bezieht sie Position in ihm.

Dennoch besitzt diese Sichtweise einen Funken Wahrheit. Krieg und Bürgerkrieg dürfen nicht vermischt werden, schon gar nicht im Weltmaßstab. Vermischt man sie, dann müssten, erstens, Kriege wie Bürgerkriege niedergeschlagen werden: durch eine starke Polizeigewalt. Die Rede von der Weltinnenpolitik geht in diese Richtung. Sie klingt gut. Aber offenkundig machen sich in ihr Herrschaftsansprüche einzelner Staatenbündnisse geltend. Und vielleicht wichtiger noch: das Ganze würde in internationale Ausnahmezustände münden. Denn mit dem Bürgerkrieg tritt der Notstand ein, und auch die internationale Polizeigewalt – die immer nur die Gewalt bestimmter Staaten und ihrer Allianzen bilden kann – wäre eine Notstandsgewalt. Die Weltordnungskriege seit dem zweiten Golfkrieg tragen deren Charakter.[12]

Zweitens – und nicht viel besser – würde mindestens eine der Kriegsparteien wie eine Verbrecherin betrachtet. Anders als Staatenkriege bedeutet der Bürgerkrieg ja bereits als solcher die Aushebelung der Rechtsordnung. Das wird zum Problem des Friedensschlusses. Keine der Kriegsparteien begreift sich ja selber als Verbrecherin. Wenn ihr Krieg aus der Perspektive internationaler Gerichtsbarkeit einen Weltbürgerkrieg darstellt, dann bedeutet es für das Selbstverständnis der Kriegsparteien, dass sie es mit einem kriminellen Gegenhandeln zu tun haben. Entsprechend behandeln sie, die sich ja im Recht sehen, ihre Feinde wie Verbrecher. Wie aber ein Friede mit Verbrechern geschlossen werden soll, bleibt dunkel. Schmitt sprach hier vom «diskriminierenden Feindbegriff».[13] In der Tat ist er mit der Verwandlung von Kriegen in Bürgerkriege verbunden.

Darum kann die höhere Rechtsprechung den Frieden nur schlecht gewähren. Das bedeutet: es bleiben die Legitimationskollisionen der Kriegsparteien. Und sie lassen das Versprechen des Rechts schal werden. Offenbar ist das Aufgegebene nicht einfach aufgegeben. Es wird unter bestimmten Umständen von bestimmten Menschen aufgegeben und unterliegt daher auch den Sichtweisen dieser Menschen. Schon unter weniger blutigen Umständen kann dieser Sachverhalt ein Problem bilden. Im Fall des Krieges wird er noch problematischer, weil es eben keine Rechtsprechung gibt, die hier ein letztes Urteil fällen könnte. Hegels Formel von der Weltgeschichte als dem Weltgericht kannte dieses Problem nicht. Sie identifizierte zuletzt das Gegebene mit dem Aufgegebenen: den Gesamtzusammenhang der Geschichtsprozesse mit der höchsten Rechtsprechung. Nach dem Bruch der Formel aber steht das Problem da. Die Legitimationskollisionen der Kriegsparteien entstehen immer wieder neu.

Marxistinnen werden sagen: das alles ist keine Überraschung. Das Recht gehört ja zum Überbau der Gesellschaft; es ist also Ideologie, notwendiger Schein auf der Basis sozioökonomischer Verhältnisse; darum drückt es Macht aus. Entsprechend gelangen in verschiedenen Rechtspositionen verschiedene Machtpositionen zum Ausdruck. Und entsprechend kollidieren Legitimationen von

Kriegen notwendigerweise. Allerdings werden die Marxistinnen – wenn sie nachdenken – ebenfalls sagen: das Recht ist nicht nur der Ausdruck von Macht, sondern auch deren Maß.[14] Denn eine gesellschaftliche Ideologie stellt mehr dar als den bloßen Reflex ihrer gesellschaftlichen Grundlage. Sie entwirft Einschränkungen, Möglichkeiten, Fluchtlinien des menschlichen Zusammenlebens. Eine Ideologie ist darum nicht nur ein Spiegel gesellschaftlicher Machtlagen. Vielmehr eröffnet sie einen Möglichkeitsraum, dessen Eigensinn zu missachten diese Machtlagen verschieben kann. Auch für das Recht als Ideologie gilt das. Deshalb bildet es ein Maß, an dem die Macht sich messen lassen muss: um als Macht mächtig zu sein und zu bleiben.

So etwas könnte auch für den Krieg gelten. Dann sähe der Sachverhalt wie folgt aus. Einerseits spiegeln sein Recht und sein Unrecht die Faktizität gesellschaftlicher Verhältnisse wider – Verhältnisse innerhalb der Kriegsparteien, Verhältnisse zwischen den Kriegsparteien, Verhältnisse oberhalb der Kriegsparteien. Anderseits drängen die Forderungen des Rechts über diese Faktizität hinaus. Sie geben den Beteiligten auf, ihren Krieg zu rechtfertigen – und damit unter ein Maß zu stellen. Tun sie das nicht, verliert die faktische Macht mit ihrem Maß möglicherweise ihre Macht. So scheinen sich deren Faktizität mit der Geltung des Rechts wieder zusammenzuschließen.

Doch dieser Zusammenhang führt zu keiner stabilen Grundlage. Vielmehr lässt er die rechtliche Regelung des Krieges vollends widersprüchlich werden. Der Widerspruch lautet nun: einerseits verknoten sich die Faktizität der Macht und die Geltung des Rechts ineinander, weil dessen Forderungen Machtlagen widerspiegeln, während die Machtlagen in den Forderungen ihr Maß besitzen; anderseits müssen sie voneinander getrennt bleiben, weil das Aufgegebene sonst nur ein Wort des Gegebenen wäre. Aus diesem Widerspruch vermag das Recht selber nicht herauszuführen. Er entsteht ja gerade aus dem prekären Verhältnis von Faktizität und Geltung, das die Eigenart des Rechts ausmacht.

Im Krieg vollzieht sich der Widerspruch gewaltsam. Sieht sich eine Kriegspartei im Recht, so setzt sie dieses mit Gewalt gegen die Faktizität durch, die sie im Unrecht sieht. Die andere Kriegspartei wiederum sieht gerade diese gewaltsame Umsetzung des Rechts als eine Faktizität an, die dem Recht widerspricht, und sucht gegen sie das Recht durchzusetzen. So verteilen die Kriegsparteien Faktizität und Geltung in gegenläufiger Weise, die Geltung auf sich und die unrechtmäßige Faktizität auf die Gegnerin, und die gewaltsame Rechtsdurchsetzung der einen antwortet auf die gewaltsame Rechtsdurchsetzung der anderen. Das Ergebnis: indem die Forderung des Rechts, auf unrechten Krieg zu verzichten, sich auf feindliche Parteien verteilt, wird sie selber zu einem Antrieb des Krieges.

All das betrifft die rechtliche Grundunterscheidung zwischen zwei Arten von Gewalt. Sie lautet schlicht: es gibt sanktionierte und nicht sanktionierte Gewalt. Auch im Kriegsfall gelangt diese Unterscheidung zum Tragen. Wer mit Recht Krieg führt, übt sanktionierte Gewalt aus; wer mit Unrecht, nicht sanktionierte. Worin aber ist diese Unterscheidung begründet? Walter Benjamin meinte: in einem historischen Ursprung der Sanktion, der allgemein anerkannt wird.[15] Hiernach entspringt die Sanktion einem Geschichtsereignis. Diese Erwägung darf nicht als die Reduktion der Rechtsgeltung auf die Faktizität historischer Tatsachen missverstanden werden. In diese Richtung ging vielmehr die These von Carl Schmitt: in der kontingenten Entscheidung eines Souveränitätsaktes werde die Gültigkeit des Rechtes gesetzt. Aber Benjamin geht es statt um Rechtsgeltung um Sanktion: um die Bestätigung rechtlicher Geltung durch die Menschen. Ohne sie würde die Rechtsgeltung im Reich des Aufgegebenen verglühen. Darum bedarf es der Sanktion, um Gewalt zu berechtigter Gewalt in der Welt zu machen. Und sie erfolgt in einem geschichtlichen Handeln.

Wenn aber die Bestätigung der Rechtsgeltung – ihre Billigung – ein Geschichtsereignis darstellt, dann folgt die sanktionierte – die gebilligte – Gewalt aus einem historischen Ursprung. Entsprechend entpuppt sich selbst die kontrafaktisch berechtigte Gewalt letzten Endes als eine faktische Gewalt. Für Benjamin bedeutet das: sie ist «schicksalhafte Gewalt».[16] Denn die geschichtlich überkommene Faktizität, die angenommen zu werden beansprucht, ist das Schicksal. Demnach hat man die sanktionierte Gewalt hinzunehmen.

Von hierher zeigt der beschriebene Zusammenhang noch ein anderes Gesicht. Der Blick auf Benjamins Überlegung macht deutlich: indem die Kriegsparteien Faktizität und Geltung in gegenläufiger Weise verteilen, verteilen sie zugleich die sanktionierte Gewalt und die nicht sanktionierte Gewalt in gegenläufiger Weise. Aber die Sanktionierung und Nichtsanktionierung entspringen der geschichtlichen Faktizität. Entsprechend verkeilen sich hier gegenläufige schicksalhafte Gewalten. Ein historischer Ursprung der Sanktion steht gegen den anderen. Das erklärt, weshalb in den Legitimationen des Krieges oft etwas Hinzunehmendes, Mythisches, Irrationales mitschwingt. All die rechtlichen Erklärungen, weshalb hier und jetzt der Krieg auf diese oder andere Weise zu führen sei, fädeln unwillentlich sein Schicksalhaftes ein.

Diese Not ist das Ergebnis der Hoffnung, den Krieg unter dem Gesichtspunkt des Rechts in den Griff bekommen zu wollen. Auch sie bildet ein Zerfallsprodukt der hegelschen Formel. Von der Weltgeschichte als dem Weltgericht zu sprechen übertünchte den Zwiespalt von Faktizität und Geltung: indem die Geschichte selber als Rechtsinstanz eingesetzt wurde. Faktizität und Geltung wurden zwangsvereint. Mit dem Zerfall der Formel hingegen tritt der Zwiespalt offen zutage. Weil die Weltgeschichte insgesamt kein Weltgericht darstellt, sprechen auch die einzelnen Geschichtsprozesse kein Recht. Entsprechend überholt ihre Faktizität am Ende ihren Rechtscharakter, und dieser gerät zum Mittel der Macht. Nun kann sich keine Kriegshandlung mehr als Vollzug von Rechtsprechung aufspielen. Stattdessen bleibt eine jede bloß Partei – oft gerade dadurch, dass sie sich als Gerichtsvollzug versteht. Als etwas Aufgegebenes vertieft der Krieg den Konflikt im Gegebenen. Behoben wäre der Konflikt in jener Einheit von Faktizität und Geltung, die die hegelsche Formel beinhaltete. Nach deren Bruch Krieg und Recht affirmativ zu verknüpfen bedeutet hingegen, das Recht ins Zwielicht zu ziehen.

III. Macht

Wo das Recht ins Zwielicht gerät, kommt die andere Seite der zerbrochenen Formel ins Spiel. Jetzt stehen die faktischen Geschichtsprozesse im Vordergrund. In ihnen zeigen sich Machtlagen und Machtvollzüge. Zwar bleibt das Recht auch hier eine Größe – doch ganz und gar innerhalb dieser Lagen und Vollzüge. Entsprechend wird der Krieg jetzt statt vom Recht von der Macht her verstanden.

Ein solches Verständnis tritt als Realpolitik auf. Anstelle von Normen sucht es Tatsachen zu erfassen. Mit ihnen will es rechnen. Im Ukrainekrieg gehören zu solchen Tatsachen: Russlands Sicherheitsbedürfnis; Fragen der ukrainischen Staatsverfassung; Probleme der europäischen Einheit; Belastungen der amerikanischen Außenpolitik; die Kontrolle des Schwarzen Meeres usw.[1] Isaiah Berlin schrieb einmal ironisch: Wer Realpolitik verfolgt, führt meistens etwas Böses im Schilde.[2] Ihre Vertreterinnen dürfte das kalt lassen. Gut und Böse sind nicht ihre Kategorien. Stattdessen denken sie über Interessen, Strategien, Bedingungen nach. Das heißt nicht, dass sie keine Ideale hätten. Aber sie stellen die Ideale hintan und akzeptieren das Gegebene – auch dann, wenn es ihren eigenen Idealen zuwiderläuft. Nur das scheint ihnen ein Handeln zu ermöglichen, das sich innerhalb der politischen Welt zu bewähren vermag. Darum gehen sie von den Machtlagen aus. Alles andere wäre illusionär.

Nun gibt es in Machtlagen nicht nur eine einzige Macht. In

ihnen schichten, verkeilen, verschieben sich verschiedene Mächte. Und diese Mächte verändern sich: weder ihre Lage noch sie selber bleiben starr. Entsprechend lassen sich Machtlagen als veränderliche Verhältnisse veränderlicher Mächte verstehen. Ja, mehr noch: die jeweiligen Mächte können meistens auch selber noch einmal als Verhältnisse innerer Machtlagen verstanden werden. So bilden die Größen der Macht zwar identifizierbare Größen. Aber sie sind niemals Substanzen, sondern stets Bündel von Relationen, die sich im Fluss befinden. Den Krieg von der Macht her zu verstehen bedeutet daher: ihn von Mächten als Relationen in Veränderung her zu deuten. Sofern man diese im Fluß befindlichen Verhältnisse durchschaut, kann man mit ihnen rechnen.

Wer eine Machtrechnung aufstellen will, muss vor allem zweierlei tun: die dominierenden Mächte in den Machtlagen erkennen und die Richtung des Flusses erfassen, in dem diese Lagen sich befinden. Hiermit wird es nun konkreter. Denn es zeigt, dass es nicht um die Erfassung irgendwelcher Mächte geht. Vielmehr geht es um die Erfassung der entscheidenden Mächte und ihres Wandels: um die großen Mächte.

«Die großen Mächte» – so lautete ein Text, in dem Leopold von Ranke 1833 die europäische Konstellation seiner Zeit zu erfassen suchte. Mit ihm wollte er «den Weltmoment in dem wir uns befinden, deutlicher und unzweifelhafter, als es gewöhnlich geschehen mag, zur Anschauung [...] bringen».[3] Hierzu filterte Ranke die fünf Hauptstaaten Europas heraus – für ihn waren das damals: Frankreich, England, Russland, Österreich, Preußen – und umriss sie in ihren bewegten Verhältnissen. Das ermöglichte ihm zu verstehen, was es mit der Idee «Europa» auf sich habe. Europa war das Konzert von großen Mächten.

Hiernach verschränkt sich der Blick auf Machtlagen keineswegs auf die stumpfe Ausübung von Interessen. Vielmehr dringt er in den Geist einer geschichtlichen Einheit vor. Ja, mehr noch: er fasst ins Auge, was Geschichte selber überhaupt ausmacht. In Rankes Worten:

> Nicht ein solch zufälliges Durcheinanderstürmen, Übereinanderherfallen, Nacheinanderfolgen der Staaten und Völker bietet die Weltgeschichte dar, wie es beim ersten Blicke wohl aussieht. Auch ist die so oft zweifelhafte Förderung der Kultur nicht ihr einziger Inhalt. Es sind Kräfte und zwar geistige, Leben hervorbringende, schöpferische Kräfte, selber Leben, es sind moralische Energien, die wir in ihrer Entwicklung erblicken. Zu definieren, unter Abstraktionen zu bringen sind sie nicht; aber anschauen, wahrnehmen kann man sie; ein Mitgefühl ihres Daseins kann man sich erzeugen. Sie blühen auf, nehmen die Welt ein, treten heraus in dem mannigfaltigsten Ausdruck, bestreiten, beschränken, überwältigen einander; in ihrer Wechselwirkung und Aufeinanderfolge, in ihrem Leben und Vergehen, in ihrer Wiederbelebung, die dann immer größere Fülle, höhere Bedeutung, weitern Umfang in sich schließt, liegt das Geheimnis der Weltgeschichte.[4]

Ein idealistischer Ton erklingt da. Stellt man sich nicht taub, rührt er immer noch an. Ihm zufolge ist die Entschlüsselung von Machtlagen keine phantasielose Angelegenheit politisch-historischer Technokraten. Vielmehr besteht sie in der wahrnehmenden Darstellung schöpferischer Kräfte, deren Verhältnisse und Bewegungen die Konstellation ausmachen, um die es geht. Nur dann lässt sich der «Weltmoment zur Anschauung bringen». Mit Mächten rechnen bedeutet hiernach keine politische Technik. Vielmehr meint es: im Durcheinanderstürmen, Übereinanderherfallen, Nacheinanderfolgen der großen – und wohl auch kleineren – Mächte die Verwandlungen der Konstellationen in ihrer Produktivität zu erfassen und mit ihnen zu fühlen. Und als wichtiger Faktor der europäischen Kräftekonstellation gehört auch der Krieg zu diesen schöpferischen Kräften.

Indessen musste Rankes Konzept erweitert werden. Er entwarf ein Staatensystem, das auf das Wechselspiel seiner Elemente vertraut, und verstand es so von seinen Bildungen und Umbildungen her. Deshalb das Schöpferische der Machtlagen. Aber neben die großen Mächte traten schon damals Weltmächte – und solche, die es gern werden wollten. Mit ihnen machte sich neben der Wechselwirkung das Hegemoniestreben geltend. Es zielte statt auf Vielheit auf Einheit. Und diese Einheit beinhaltete keine Umbildungen. Sie ging mit Vormachtbehauptung, Unterwerfung, Unselbständigkeit einher.

Entsprechend erweist sich der Streit der Mächte als gegenläufig bestimmt. Einerseits besteht er in einer bewegten Konstellation, anderseits erzeugt er Hegemonialräume. Ludwig Dehio – er überlebte den deutschen Faschismus als Hausarchivar – machte diese Zweischneidigkeit nach dem Scheitern des deutschen Hegemonialstrebens unter dem Titel «Gleichgewicht oder Hegemonie» geltend: um die Trümmer zu verstehen.[5] Sie waren das Ergebnis eines Zweiten Weltkrieges. Im Blick auf sie aber erhält der Krieg der großen Mächte zwischen Gleichgewicht und Hegemonie noch einmal eine andere Bedeutung. Er ist nicht nur eine schöpferische Kraft unter anderen in den Machtlagen und ihren Verschiebungen. Vielmehr zersprengt er deren Konstellation mit einer Zerstörungskraft, die bloß noch zerstörerisch ist. Das heißt: die Konstellation der Mächte birgt ihre eigene kriegerische Verwüstung. Zu ihrem Kräftespiel tritt ihre wesentliche Krise.

Letzteres ernüchtert die Darstellung der Kräftemetamorphose: sie erhält einen Kälteschock. Er lässt das Leben und Vergehen der Staaten und Völker weniger feierlich erscheinen. Andere Faktoren machen sich daher geltend. Als der englische Historiker Kennedy kurz vor dem Ende der sozialistischen Staaten eine eigene Darstellung vom Aufstieg und Fall der großen Mächte vorlegte, berief er sich auf Rankes Essay.[6] Aber eigentlich hatte seine Arbeit mit Ranke nicht mehr viel zu tun. Denn nicht nur trat an die Stelle einer beschwingten, zugespitzten Skizze ein Wälzer von fast siebenhundert Seiten. Den großen Mächten wurden auch zwei Bestimmungsgründe beigefügt: «ökonomischer Wandel», «militärischer Konflikt». Und mit ihnen mussten die schöpferischen Kräfte endgültig nüchternen Faktoren weichen. Jetzt bildeten die großen Mächte weniger Gestalten, deren Konzert zur mitfühlenden Kontemplation einlädt, sondern erschienen als Resultate von Wirtschaft und Krieg.

Kennedy meinte das keineswegs als Kritik. Es ging ihm einfach darum, mit den großen Mächten angemessen umzugehen. Mit Mächten rechnen – das heißt: mit ökonomischem Wandel und militärischem Konflikt rechnen. Man darf daraus folgern, dass ein Verständnis des Krieges von der Macht her immer auch ein Verständnis der Macht vom Krieg her beinhaltet. Auch Ranke kannte dieses Verständnis. Nur erhöhte er es zum Verständnis von Schöpferkräften: um ein «Mitgefühl ihres Daseins» zu ermöglichen. Verzichtet man auf das Mitgefühl, so bleibt schlicht der militärische Faktor. Und dann zergeht die Rede von den moralischen, geistigen Energien, der Ranke sich hingibt. Fast möchte man dem Gegenteil zustimmen. «Die Außenpolitik ist in der Politik das Geistlose», ätzte Hacks, der Dichter. «Sie kennt keine Gründe als den Grund der Macht.»[7]

Rankes Worte von Wechselwirkung und Aufeinanderfolge, von Leben und Vergehen, von Wiederbelebung und Aufblühen hingegen erinnern an Goethes Lehre von der Metamorphose. Sie betraf nicht nur die Metamorphose der Pflanzen, sondern erstreckte sich insgesamt über Kunst, Natur, Gesellschaft. Goethe allerdings sagte über den Krieg: «Der Krieg ist in Wahrheit eine Krankheit, wo die Säfte, die zur Gesundheit und Erhaltung dienen, nur verwendet werden, um ein Fremdes, der Natur Ungemäßes, zu nähren.»[8] Hier sieht es mit den schöpferischen Kräften ganz anders aus. Wie ein Körper erkrankt, wenn seine Kräfte in ein schlechtes Verhältnis geraten, so erkrankt auch die menschliche Gesellschaft durch ihr Kräftemissverhältnis. Das Ergebnis ist der Krieg. Für sich genommen sind dessen Faktoren – Sicherheit, Wohlstand, Ruhm, Ehrgeiz, Freiheitsliebe usw. – nichts Schlechtes. Aber ihr Verhältnis stimmt nicht. Darum gleicht der Krieg der Krankheit.

Mit besonderer Nachdrücklichkeit konnte daher gegen das Konzept «Große Mächte» von einer Interpretation Goethes aus argumentiert werden. In einer Reihe von Schriften brachte Ekkehart

Krippendorff Goethe gegen den Krieg, ja gegen den Staat und die Außenpolitik als solche in Stellung.[9] Seine Schriften repräsentieren den bildungsbürgerlichen Flügel der Friedensbewegung der Achtziger. Ihr Kerngedanke: die Institution des modernen Staates ist untrennbar mit der Institution des stehenden Heeres verknüpft. Diese Verknüpfung zeigt, dass der Staat vom Primat der Außenpolitik ausgeht, und sie zeigt weiter, dass die Außenpolitik im Kern militärische Politik ist. Folglich bestimmt sich der moderne Staat vom Krieg her. Hieraus ergibt sich: Staatspolitik stellt die Menschen in die Grundperspektive des Krieges und zieht sie notwendig in ihn hinein. Diesen Zusammenhang entlarvt Goethes Wort «Wie die Großen mit den Menschen spielen»: als menschenfeindlichen Irrsinn der großen Mächte und ihrer Regierenden. Und Goethes eigene Politik versuchte, ihm so gut es geht zu entgehen: in bewusster Distanz zu den großen Mächten, im Unterfangen, die Kultur von Weimar zu leben, im Abstand zu allen Haupt- und Staatsaktionen, unter der politischen Leitidee des Friedens.

Ersichtlich steht hinter dieser Kritik der Außenpolitik der unausgesprochene Wunsch, die alte deutsche Spannung zwischen Staatsnation und Kulturnation zugunsten der letzten aufzulösen.[10] Eine Staatsnation ist mit dem Machtstaat und seiner Staatsraison verbunden: mit äußerem Krieg und innerer Herrschaft. Eine Kulturnation hingegen benötigt eigentlich keinen besonderen Staat. Wie die deutsche Geschichte zeigt, kann sie sich in verschiedenen Staaten organisieren, so dass deren Bürger zugleich der umfassenden Kulturnation angehören. Diese Struktur setzt Krippendorff zur Staats- und Militärkritik überhaupt ein. Denn weil für ihn jeder Staat notwendig ein Machtstaat ist und darum zum Krieg treibt, gilt es im Grunde, neue Kulturnationen zu denken, die diesseits des Staates ihr inneres und äußeres Miteinander besitzen. Sie würden dann ohne Militär und Krieg auskommen.

Dieser Entwurf ist ein Gegengift: gegen die Verherrlichung großer Mächte zu schöpferischen Kräften. Zudem steht der Geist von

Weimar hier gegen den Geist von Potsdam. Doch allzu sehr wirkt in jenem Entwurf eine überkommene Lebensform der alten Bundesrepublik nach. Unterhalb der großen Mächte will sie, unberührt und neutral, ihre Kultur pflegen: Provinz und Weltbürgertum zugleich. Realpolitikerinnen werden hier milde lächeln. Nicht nur gleicht das der Haltung kleiner Gebiete, die sich von großen Mächten beschützt sehen. Vielmehr scheint inzwischen Deutschland zur Teilnahme am Machtspiel schlicht gezwungen – und also zur Beteiligung am Krieg. So gerät das Bild einer pazifistischen Goethepolitik zum Popanz.

Indessen verweist die Konfrontation von Staatsnation und Kulturnation auf eine andere Unterscheidung zwischen Staat und Kultur, die weiteres Licht auf die Macht wirft. Gemeint ist Jacob Burckhardts Potenzenlehre. Unter «Potenzen» verstand Burckhardt Ordnungsfaktoren des Historischen. Er kannte drei: Staat, Religion, Kultur.[11] Hier haben wir den Unterschied zwischen Staat und Kultur als Artikulationsgröße von Geschichtsprozessen. Nun lassen sich diese beiden Potenzen in ihrem Bedingungsverhältnis begreifen. Und nimmt man die Kultur in ihrer Bedingtheit durch den Staat, dann erfasst man den Unterschied zwischen Staat und Kultur als Gefälle. Das führt uns erneut auf das Machtproblem.

Zunächst gilt: die Bedingtheit der Kultur durch den Staat hat zu ihrem Fluchtpunkt deren «einseitiges Richten und Stillstellen».[12] Warum? Für Burckhardt ist die Kultur der Raum spontaner Geistesregungen ohne Zwangsgeltung, während der Staat Zwangsgewalt ausübt. Entsprechend tendiert der Staat zur Ausrichtung und Einhegung der kulturellen Spontaneität. Er zentralisiert sie. Soweit stellt das eine vertraute Modernitätserfahrung dar, die zumal Städte mit lebendiger Bürgergesellschaft beunruhigte.[13] In diesem Zusammenhang trifft Burckhardt eine berühmte Feststellung:

> Und nun ist die Macht an sich böse, gleichviel wer sie ausübe. Sie ist kein Beharren, sondern eine Gier und eo ipso unerfüllbar, daher in sich

> unglücklich[,] und muß Andere unglücklich machen. Unfehlbar geräth man dabei in die Hände sowohl ehrgeiziger und erhaltungsbedürftiger Dynastien als [auch] einzelner ‹großer Männer› etc., d.h. solcher Kräfte[,] welchen gerade an dem Weiterblühen der Cultur am wenigsten gelegen ist.[14]

Diese Worte charakterisieren die Macht als eine unerfüllbare Gier. Sie will immer mehr, ohne je Vollendung zu finden. In diesem Zug greift sie auf die Spontaneität des Geistes aus, um auch sie unter ihre Verfügung zu bringen. Aber als unerfüllbare Gier bleibt sie stets unglücklich. Denn Glück, das wäre ein Leben im Zustand seiner Erfüllung. Ja, mehr noch: die unerfüllbare Gier «Macht» ist nicht nur selber unglücklich – sie macht auch andere unglücklich. Denn sie greift aus auf alles, was sie kriegen kann. Darum darf sie böse genannt werden: die Macht bringt das menschliche Leben ins Unglück.

Hieraus ließe sich ein Fazit ziehen. Wird der Krieg von der Macht her verstanden, dann steht er nicht in der Konstellation schöpferischer Kräfte. Auch kann man ihn nicht auf nüchterne Bestände reduzieren, aus denen er erklärbar wird. Vielmehr drückt er jene unerfüllbare Gier aus, von der Burckhardt sprach. Entsprechend strebt der machtgetriebene Krieg nach Verlängerung, Steigerung, Verschärfung seiner selbst. Er vereinseitigt geistige Spontaneität und stellt sie still; am «Weiterblühen der Kultur» nimmt er wenig Anteil; sein Ergebnis ist Unglück. Das wäre das offene Geheimnis aller realpolitischen Konzepte des Krieges. Etwas Böses bergen sie nicht, weil sie etwas Böses im Schilde führen. Etwas Böses bergen sie, weil die Macht an sich böse ist.

IV. Befreiung

Macht besitzt zwei Gesichter: Übermacht und Gestaltungsmacht, «Macht über» und «Macht zu». Eben gelangte das erste Gesicht in den Blick. Mit ihm erschien der Krieg in seiner überwältigenden, zwingenden Gestalt. Diese Macht nannte Burckhardt unglücklich und böse. Das zweite Gesicht der Macht hingegen könnte anders aussehen. Um es zu verstehen, ist Burckhardts negative Bestimmung aufzugeben. Aber auch den positiven Standpunkt der Realpolitik gilt es zu räumen. Denn Gestaltungsmacht überschreitet den Bereich der Bestände, mit denen man rechnen muss. Sie hat tatsächlich das, was Ranke fälschlich den großen Mächten zugeschrieben hatte: einen schöpferischen Charakter – und transzendiert also das Bestehende.

Entsprechend macht sich eine dritte Perspektive geltend. An deren Formulierung arbeitete Nietzsche. Nannte Burckhardt die Macht an sich böse, zielte Nietzsche, fast zeitgleich, auf ein Jenseits von Gut und Böse.[1] Nietzsche hatte von Burckhardt gelernt. In seiner Basler Zeit suchte er das Gespräch mit dem Kollegen. Er setzte sich sogar in das Kolleg, aus dem dann der Satz «die Macht an sich ist böse, gleichviel wer sie ausübt» hervorgehen sollte. Allerdings wäre dem reiferen Nietzsche der Satz sinnlos erschienen – und das gleich doppelt. Denn in seinen Augen vollzieht sich, erstens, die Macht eben jenseits von Gut und Böse, und zweitens wird sie nicht ausgeübt, sondern ist selber ausübend. Was ist damit gemeint?

Karl Löwith brachte Nietzsches Denken auf den Dreischritt vom «Du sollst» zum «Ich will» zum «Ich bin».[2] Das «Du sollst» steht für den Bereich der Normen und Werte. Sein Kern: die Moral. Unter Moral sind hier nicht nur Handlungsvorschriften und Sitten zu verstehen. Vielmehr umfasst sie den gesamten Bereich des Aufgegebenen: sei's im Handeln, sei's im Denken, sei's im Fühlen. Es handelt sich um den Bereich des Sollens, das sich dem Sein entgegenstellt, und seine Leitkonzepte sind Gut und Böse. Diesen Bereich erschüttert das «Ich will». Es hat die Genealogie der Moral durchschaut, erkennt sie als Herrschaft der Schwachen über die Starken, wälzt die Werte um. Hierbei kann es sich auf die Einsicht berufen, dass hinter allem der Wille steht – oder anders ausgedrückt: dass das alles Machterzeugnisse sind. Unter Macht ist hier das Gestalten, Produzieren, Vermögen als solches zu verstehen. Das «Ich bin» zuletzt nimmt dieses Gestalten, Produzieren, Vermögen in das Sein selber zurück. Es erkennt: der Wille ist kein Letztes. Vielmehr gehört er zum großen Spiel der Welt, in dem wir leben, weben und sind. Er ist ein Seinsakt.

Das ist eine plausible Darlegung. Aber warum stehen diese Dinge in der ersten Person Singular? Anders gefragt: warum heißt es bei Löwith «*Ich* will» und «*Ich* bin» statt «Wille» und «Sein»? Nietzsche selber spricht doch nur vom Willen als solchem: vom Willen zum Leben, Willen zur Wahrheit, Willen zur Macht. Antwort: das Ich kommt ins Spiel, weil es in diesen Figuren um Selbstverhältnisse geht.

Gehen wir einmal vom Willen zur Wahrheit aus. In ihm richtet sich das wissenschaftliche Leben auf eine Norm aus: die Wahrheitsnorm.[3] (Später wird Foucault dasselbe so sagen: es unterwirft sich einem Wahrheitsregime.[4]) Die Wahrheit zu verfolgen bedeutet also nicht nur, sich dem Objektivitätsideal zu verpflichten. Es bedeutet zugleich, ein Selbstverhältnis einzunehmen – nämlich sich selber unter jene Norm zu stellen. Von Anfang an geht es somit um Subjektivität: daher das Ich. Allerdings erweist sich dieses Selbstverhältnis als mangelhaft. Während es tatsächlich eine Form von Subjektivität bildet, glaubt es, sich auf etwas Objektives auszurichten. Entsprechend erkennt das Selbstverhältnis sein Ich nicht. Es folgt einem «Du sollst», nämlich dem «Du sollst dich auf Wahrheit ausrichten», und bildet dadurch ein schiefes Selbstverhältnis. Nimmt es sich hingegen in seiner Subjektivität an, so richtet sich das Selbstverhältnis auf. Jetzt erkennt es: die Wahrheit ist nichts Objektives. Vielmehr bildet sie ein Willenserzeugnis der Subjektivität, das sich als objektive Norm aufspielt.

Nietzsche verbindet diesen Schritt mit einer eigentümlichen Formulierung: «Wahrheit und Lüge im außermoralischen Sinne». Warum? Wenn die Subjektivität die Wahrheit als ihr Willenserzeugnis erkennt, dann erfasst sie diese nicht mehr als Norm und Wert, der ihr gegenübertritt und sie knechtet. Und weil den Bereich der Normen und Werte die «Moral» bildet, tritt Wahrheit hier im außermoralischen Sinn auf. Jetzt wird erkennbar: Wahrheiten sind «Illusionen, von denen man vergessen hat, dass sie welche sind, Metaphern, die abgenutzt und sinnlich kraftlos geworden sind, Münzen, die ihr Bild verloren haben und nun als Metall, nicht mehr als Münzen in Betracht kommen.»[5] Man kann die Wahrheitsnorm daher in ein schöpferisches Willenserzeugnis überführen. Hier ist aus dem «Du sollst» ein «Ich will» geworden.

Freilich weist dieses «Ich will» immer noch ein verkürztes Selbstverhältnis auf. Bleiben wir weiterhin beim Willen zur Wahrheit. Indem er die Illusionen seiner Erzeugnisse als Illusionen annimmt, hat er sich selber überwunden. Er sieht: die Wahrheit ist nur eine abgenutzte Münze. Deren kreativer, bildhafter, illusionärer Gehalt kann dann erneut freigesetzt werden: jenseits der Wahrheitsnorm. Aber wenn man das zu Ende denkt, dann muss auch die Wahrheit über die Wahrheit – die Einsicht, dass Wahrheiten versteinerte Illusionen sind – sich als Illusion bekennen. Das steckt bereits im Titel des Unternehmens «Fröhliche Wissenschaft». Eine «fröhliche» Wissenschaft ist keine strenge Wissenschaft. Sie befreit sich vom Zwang der Wahrheitsnorm – und wirft damit die Voraussetzung aller Wissenschaft, den Willen zur Wahrheit, über Bord. In der Konsequenz hebt sie sich darum selber auf. Die Wissenschaft wird zum zufälligen Spiel:

> Welt-Spiel, das herrische,
> Mischt Sein und Schein: –
> Das Ewig-Närrische
> Mischt *uns* – hinein! …[6]

Hieraus wird klar, weshalb am Ende das einfache «Ich bin» steht. Es bezeichnet die Subjektivität, die alle Sachlichkeit zugunsten einer spielerischen Entfaltung ihres bloßen Seins zurückstellt. In sie mündet Nietzsches schöpferische Macht jenseits von Gut und Böse.

Demnach setzt der Weg vom «Du sollst» über das «Ich will» zum «Ich bin» die reine, selbstbezügliche Gestaltungsmacht frei. Lässt sie sich mit dem Krieg verbinden? Ersichtlich nur dann, wenn auch er als ein Vorgang ihrer Selbstentfaltung verstanden wird. Nun scheint das nietzscheanische Machtverständnis so leer, dass dieses Verständnis kaum einsichtig wird. Zwar hat Nietzsche selber den Krieg in mindestens drei Funktionen für den Schritt aus dem «Du sollst» zum «Ich will» angesprochen: als Erschütterung kultureller Normen; als Teil der Losung *otium et bellum* der Vornehmen gegen die Sklavenmoral; als Element des Großen Lebens. Vom Rechtsnietzscheanismus wurde das gerne aufgegriffen.[7] Aber eigentlich ist es doch recht wenig, um den Krieg von der Macht her zu verstehen. Eher handelt es sich um seine Nebenwirkungen. Offenbar muss man Nietzsches Theorie aufpumpen, um aus ihrem Konzept schöpferischer Macht ein Kriegsverständnis zu gewinnen.

Ein solches Verständnis ermöglicht der Linksnietzscheanismus unserer Jahre. Wichtigstes Zeugnis: *Empire* von Michael Hardt und Antonio Negri.[8] Mit ihrem Konzept boten sie zur Jahrtausendwende eine Selbstdeutung sozialer Kämpfe im Zeitalter der Globalisierung. Sie lautet auf die schöpferische Macht einer Menge (*multitude*), deren «Ich will» sich in weltweitem Streit aus dem «Du sollst» eines ebenso weltweiten Empire befreit: jenseits von Gut und Böse, in Umwertung der alten Werte, durch Entfaltung unerhörter Gestaltungsmacht, als Produktion einer neuen Gesellschaft. Auch hier geht es um Subjektivität – aber um eine, die sich statt im vornehmen Einzelnen in der globalen Menge ausbildet. Und diese Mengensubjektivität besitzt ihre Bestimmtheit als Selbstbestimmung: sie entfaltet sich als Gegenzug zur globalen Fremdbestimmung im kapitalistischen Empire. Entsprechend vollzieht sich ihre Gestaltungsmacht im Widerspruch zur Weltordnung, deren Souveränität und Biopolitik. Was, wenn Kriege schöpferische Formen solchen Widerspruches darstellen?

Ersichtlich wären diese Kriege Befreiungskriege. Von ihnen schweigen Hardt und Negri weitgehend. Sie interessieren sich mehr für den Wandel der Herrschaftskriege. Zumal der erste Irakkrieg – in dem die globale, vernetzte, entterritorialisierte Herrschaftsgewalt einen gerechten Krieg für den ewigen Frieden ihres Weltinnenraumes zu führen meinte – ihr Bild vom Empire bestätigt. Die Macht der globalen Menge hingegen äußert sich eher in Gegenbiopolitik, der subversiven, schöpferischen Umgestaltung menschlicher «Lebendigkeit», als in bewaffneten Handlungen. Aber Hardt und Negri führen auch die palästinensische Intifada und die Zapatistenguerrilla von Chiapas an.[9] Beide verstanden sich als Befreiungskriege. Im Blick auf sie darf man daher sagen: die Kriege im Empire sind entweder Kriege für den ewigen Frieden einer globalen Herrschaft – oder sie sind Kriege gegen diese Herrschaft: aus der schöpferischen Macht der Menge, die lokalen Umständen entspringt, von ihnen her aber unmittelbar ins Globale reicht.

In diesem Zusammenhang schlagen Hardt und Negri eine Umdeutung des Zusammenhanges revolutionärer Kämpfe vor. Um deren Kette zu kennzeichnen, hatte Marx ein Shakespeare-Zitat verwendet: «Brav gewühlt, alter Maulwurf!»[10] Damit setzte er die Tiefendimension ihrer Verbindung ins Bild. Das galt für die alte

Weltordnung. In der neuen Weltordnung des Empire hingegen arbeitet statt des Maulwurfes die Schlange.[11] Das bedeutet: die Kämpfe verknüpfen sich miteinander an der Oberfläche. Es gibt keine Tiefenverknüpfung mehr, die man – mit dem Instrumentarium des historischen Materialismus – unter den Erscheinungen ausgraben müsste. Es gibt nur die Macht der Menge, die sichtbar über die Oberfläche des globalen Reiches gleitet. An jedem Punkt kann sie es umgestalten. Befreiungskriege gehören dazu.

Ähnliches wird heute im Ukrainekrieg beschworen: von den Aktivistinnen des Maidan und ihren Bewunderern. Sosehr sie – wie die Intifada – gerne in nationale Muster zurückfallen, sosehr sehen sie sich als Teil der globalen *multitude*: als Ausdruck ihrer Gestaltungsmacht. Das lädt insbesondere auf der Linken zur Identifikation ein. Manchen scheint der Krieg gegen den russischen Einmarsch schlangenhaft ins Planetarische zu gleiten. Er bildete dann nicht nur eine nationale Angelegenheit, sondern die Sache globaler Gegenmacht.

Aber diese Sache ist Projektion. Längst sind die Aktien von Hardts und Negris Entwurf gefallen. Ihr nietzscheanischer Blick auf die globale Ordnung schielte: von schöpferischer Gegenmacht der Menge – sei sie Maulwurf, sei sie Schlange – ist nur noch wenig zu spüren. Diese Ohnmacht hat mit der Ästhetisierung der Politik zu tun, die alle Nietzscheanismen vollziehen. Ihnen geht es um schöpferische Subjektivität, nicht um Institutionen, Recht, Verfahren. Daran ist nichts Schlechtes – solange nicht übersehen wird, dass bei ihrer Verwechslung die schöpferische Subjektivität zum Vollzugsorgan objektiver Gewalten gerät. Ihre «Ästhetik der Existenz»[12] wird ja nicht dadurch politischer, dass sie sich zur globalen Menge aufbläst. Allenfalls mündet sie in kollektive Selbstsorge. Und wenn sie in der Ukraine einen Krieg, der von den Fraktionen globaler Herrschaft geführt wird, zum gegenmächtigen Befreiungskrieg verklärt, dann gerät sie unmittelbar in den Dienst solcher Herrschaft.

Entsprechend schrumpft die Rede vom Befreiungskrieg wieder

auf den alten nationalen Befreiungskrieg zusammen. Um mit ihr nicht direkt im neunzehnten Jahrhundert zu landen, schmückt man sie mit antikolonialen Motiven aus: der heutige Krieg stehe in der Tradition eines ukrainischen «Befreiungsnationalismus»[13] gegen den russischen Imperialismus. Der Hintergrund ist klar. Nationale Befreiungsbewegungen – das waren Bewegungen des globalen Südens gegen den Kolonialismus. Sie verstanden sich als antiimperialistisch. Das wird nun auf ein osteuropäisches Land übertragen. Dann ist dessen Nationalismus nicht einfach europäischer Nationalismus. Er ist antiimperialistischer Befreiungsnationalismus gegen das imperiale Russland. Auf diese Weise lässt sich der antikoloniale Kampf von Ländern und Menschen, die sich gegen Europa zur Wehr setzten, für europäische Ziele und Werte veranschlagen. Und man kann sich selber reinwaschen. Denn imperialistisch – das ist nun nicht mehr Europa. Stattdessen ist es das neuerdings aus Europa ausgeschlossene Russland.

Noch schillernder wird diese Übertragung vor einem anderen Hintergrund. Seit langem bildet «Befreiungsnationalismus» ein Kernkonzept der neuen Rechten.[14] Auch dieses verdrehte den kolonialen Komplex. Seine Behauptung: die europäische Lage nach dem Zweiten Weltkrieg war kolonial, mit den USA und der Sowjetunion als Kolonisatoren; gegen sie hätten sich nationale Erhebungen der europäischen Völker – der deutsche 17. Juni oder die polnische Solidarnosc – in Stellung gebracht; deren antikolonialer Aufstand gegen das «Jalta-System» sei fortzusetzen. Hier sah sich das kontinentale Europa in zwei Kolonialreiche geteilt. So etwas hatte in den Achtzigern Einfluss auf die deutsche Friedensbewegung. Einer ihrer Stichwortgeber, der ehemalige Oberstleutnant und Friedensforscher Alfred Mechtersheimer, von 1987–1990 Mitglied der Bundestagsfraktion der Grünen, propagierte gegen das Wettrüsten der zwei «Kolonialmächte» eine deutsche Neutralität in befreiungsnationalistischer Perspektive. Und nach dem Ende einer der beiden Mächte ließ er den Frieden von der wieder selbstbewussten, weil vereinten deutschen Nation abhängen.[15]

Das zeigt: das Konzept «Befreiungsnationalismus» in Europa überwölbt den antiimperialen Frieden wie den antiimperialen Krieg. Beides hängt am Konzept einer Nation, die sich als Opfer auswärtiger Kolonisatoren versteht. Entsprechend läuft hier die schöpferische Gestaltungsmacht auf die Macht nationaler Selbstgestaltung hinaus – in all ihren Facetten, auch den extremen. Vielleicht ist das ein Sachgrund dafür, dass zum ukrainischen Befreiungsnationalismus auch der Rechte Sektor des Maidan oder die Errichtung von Bandera-Statuen gehören. Und vielleicht ist es ein Sachgrund dafür, dass der europäische Pazifismus oft mit einem Ressentiment gegenüber den USA einhergeht. In beiden Fällen führt die Veranschlagung des Antikolonialismus für die Interessen des kolonialen Europas zu dem alten Wahn, menschliche Befreiung in den Dienst der Nation zu stellen.

Hiermit hat die Rede vom Befreiungskrieg ihr Ende gefunden. Europa verklärt einen Krieg, den es mit erheblichen materiellen und ideellen Mitteln belebt, dadurch, dass es seine eigene Geschichte auf den Feind der Gegenwart überträgt. Der Kolonisator will Entkolonisator sein. Und manche Gegnerin dieses Krieges verklärt ihre Gegnerschaft mit derselben Übertragung: ein Kolonisator zwänge den Feldzug auf. Der Antikolonialismus hingegen weiß um die Agonie nationaler Befreiungsbewegungen. Längst sind sie in eigenen Herrschaftsverhältnissen erstarrt. Für den unvollendeten Befreiungskampf der kolonialisierten Welt spielen sie darum keine Rolle mehr:

> He followed the monkey through an endless labyrinth; when they did finally emerge he saw they were in a familiar place, and the place was familiar because they were on the streets of the only country he loved best. They didn't walk, him and the monkey, no, tholukuthi they floated, like butterflies, the Father of the Nation so happy to be back in his beloved Jidada with a -da and another -da he actually forgot he was dead and began belting the national anthem, the old revolutionary one. And he was touched to see animals who loved him with their true hearts, who

could not deal with the fact of his untimely passing; they recalled between fitting torrents of tears who he was and what he'd meant and stood for and what he'd done for them and the whole of Jidada and even the whole of Africa itself.

But then no sooner had he and his escort begun moving deeper into the throngs than he realised that something was terribly wrong. Because he saw clearly, for the first time, that all the devastation, the weeping, all those torrential tears, the bodies in pain – everything that had broken his poor heart – tholokuthi none of it was for him. He heard the throngs tell foreign journalists that they were only crying for themselves. That they were devastated for themselves for the things he'd done to them, they announced, for the anguish he'd brought up unto their lives, they claimed, for the ruin he'd left Jidada in, they ranted, for the fact that he'd escaped paying for his crimes, dying without ever facing justice for the mass murders, the genocide, they lied, for the disappearances and deaths and torture and illegal arrests throughout his reign, they alleged, for his corruption and rights abuses and so many other things they made up and charged because he was no longer there to speak for himself, things they never brought up when he was ruling and ruling and ruling.

The ugliness of the children of the nation devastated him, their ingratitude wounded him, their contempt angered him. Tholokuthi his heart broke all over again, for the third time. Betrayed, furious, wounded, his heart in shreds, the Father of the Nation, the Liberator, Pan-Africanist, Critic in Chief of the West, Enemy of Sanctions, Enemy of Homosexuals, Opposer of the Opposition, Former Teacher, Education and Economic Crusader, yes, him and only him himself, opened his mouth to address the miserable nation only to find that as he was dead, they wouldn't hear him. And so he just seethed inside, hurt inside, bled inside. He regretted being there because he could see he'd made a terrible mistake. […]

Tholokuthi the last thing the Father of the Nation heard from the only country he'd loved best was an ugly voice that said, ‹The Devil is dead! He is dead! We're weeping because with the recent events, we can all finally say this is the end of an era and error! Now we can begin again. Breathe again. Dream again. The Devil is dead, Glory Glory Glory he ist dead!›[16]

V. Selbsterhaltung

Der Komplex aus Recht, Macht, Krieg läuft auf ein Grundproblem hinaus. Sein Name: Selbsterhaltung. Von ihm aus geraten die versteckten Voraussetzungen des Komplexes ins Licht.

Wie so viele Konzepte besitzt das Konzept «Selbsterhaltung» antike Ursprünge.[1] Aber seine Eigenbestimmtheit hat es in der Moderne gewonnen. Es war Thomas Hobbes, der die Selbsterhaltung als Eckstein des Politischen setzte – gerade im Blick auf Krieg und Frieden. Hobbes' Argument beruht auf einer Zweischneidigkeit. Sie lautet: einerseits streben Menschen von Natur aus nach ihrer Selbsterhaltung, anderseits zerstören sie sie. Der Grund: solange die Selbsterhaltung ein natürliches Faktum bleibt, gerät das Selbsterhaltungsstreben der einen mit dem Selbsterhaltungsstreben der anderen in Widerstreit. Dadurch führt es zum Krieg aller gegen alle: zwar nicht im Sinn ständiger Kampfhandlungen, aber im Sinn eines ständigen Sprunges zu Kampfhandlungen.[2] Warum?

Der Materialist Hobbes erklärt es mit einer physikalischen Analogie. Er sieht: Körper, die ihre Bewegungsrichtung zu erhalten suchen, stoßen mit anderen Körpern, die dasselbe tun, im Raum zusammen, sofern sie nicht zufällig parallel verlaufen. Genauso führt – zufällige Ausnahmen abgezogen – auch das menschliche Streben nach Selbsterhaltung zu Zusammenstößen, solange es unter Naturbedingungen erfolgt.[3] Die Verwirklichung der einen Selbsterhaltung ist ja mit der Verwirklichung der anderen Selbsterhaltung nicht koordiniert, sodass beide sich ins Gehege kommen. Für das natürliche Selbsterhaltungsstreben folgt daraus: Menschen verwirklichen es auf Kosten der Selbsterhaltung anderer Menschen. Hieraus entsteht ihr Krieg. Er aber bedroht die Selbsterhaltung gerade. Also lautet Hobbes' Schlussfolgerung: im Naturzustand streben die Menschen nach Selbsterhaltung und zerstören sie zugleich.

Gerade um der menschlichen Selbsterhaltung willen ist daher ein anderer Zustand als ihr bloßes Ausleben einzuführen. Die Forderung lautet: *exeundum esse e statu naturali* – «aus dem Naturzustand sei herauszugehen», und zwar in einen Zustand, der die menschliche Selbsterhaltung durch Regeln gestaltet, die das natürliche Streben so ordnen, dass es die kriegsbewirkenden Kollisionen vermeidet. Hobbes nennt diesen Zustand den bürgerlichen Zustand. In ihm werden die Fakten der Natur durch die kontrafaktische Geltung von Gesetzen geregelt, die eine Regierungsgewalt setzt und durchsetzt, der die Menschen ihre naturwüchsige Gewalt übertragen haben. Das heißt: der bürgerliche Zustand ist ein Rechtszustand mit staatlichem Gewaltmonopol. Er zwingt das natürliche Selbsterhaltungsstreben unter Normen, die dessen Kollisionen verhindern. Dadurch entkoppelt er Selbsterhaltung und Selbstzerstörung.

Aus diesem Grund ist er ein bürgerlicher, ein «ziviler» Zustand (*status civilis*) auch insofern, als in ihm der Krieg dem Rechtsfrieden weichen muss. Zwar werden weiterhin Kriege geführt. Aber weil es ein staatliches Gewaltmonopol gibt, finden diese Kriege nunmehr allein zwischen den Staaten, nicht zwischen den Bürgern statt. Hobbes sagt das so: das «Schwert des Krieges» muss sich in den Händen dessen befinden, dem die höchste Gewalt zukommt, also der staatlichen Autorität – und nicht mehr in den Händen jedes Einzelnen.[4] Entsprechend geht es um staatliche Friedensstiftung und damit um eine erhebliche Kriegsreduktion. Auf diese Weise liegt das Streben nach Selbsterhaltung am Grund des Krieges wie seiner Überwindung. Aus ihm ergibt sich der rechtsbestimmte bürgerliche Zustand als Friedensbereich.

Gegen dieses Bild erhob Baruch de Spinoza Einspruch. Auch Spinoza setzte das Konzept «Selbsterhaltung» in die Mitte seines Denkens. Ja, er machte es noch stärker als Hobbes: bei ihm wird die Selbsterhaltung zum Grundprinzip alles Seienden. In Spinozas Formulierung: «Jedes Ding strebt, soviel an ihm liegt, in seinem Sein zu verharren.»[5] Begründet wird dieser Lehrsatz in einer allgemeinen Lehre vom Seienden. Ihr gemäß steht das Seiende in unendlichen Verhältnissen zueinander, sodass das einzelne Seiende sein Sein niemals in der Hand hat. Nur der Gesamtzusammenhang dessen, was ist, steht in keinem übergeordneten Verhältnis mehr, sonst wäre er ja bloß ein Teilzusammenhang. Entsprechend ist der Gesamtzusammenhang das Einzige, was sein Sein in der Hand hat. Spinoza nennt ihn Gott.[6]

Wir können den genauen Aufbau dieser Metaphysik hier beiseitelassen. Für unseren Gedankengang wichtig ist die zitierte Bestimmung des einzelnen Seienden – oder in Spinozas Formulierung: die Bestimmung der Dinge. Sie beinhaltet, dass das Seiende, erstens, keine Macht über sein Sein besitzt und dass es, zweitens, sein Sein zu entfalten sucht. Jenes haben wir schon gesehen; dieses ergibt sich aus dem Sachverhalt des Strebens. Denn was nach etwas strebt, bleibt bei dem, was ist, nicht stehen. Es geht darüber hinaus. Und da es sich um ein Streben nach Selbsterhaltung handelt, läuft es darauf hinaus, über das Selbst, das schon existiert, hinauszugehen. Anders gesagt: es bedeutet, das Selbst weiter zu entfalten.

Somit ist Spinozas Selbsterhaltungskonzept durch die eingeschränkte Macht des Seienden über sein Sein wie auch durch die Anlage zu dessen Entfaltung gekennzeichnet. Das heißt: die eingeschränkte Macht des Seienden ist eine eingeschränkte Gestaltungsmacht. Ersichtlich geht damit eine Tendenz zur Zusammenarbeit einher. Denn die Macht des Einzelnen über sein Sein ist umso weniger eingeschränkt, je mehr Einzelnes sich zusammentut, um gemeinsam über sein Sein zu bestimmen. Und nur auf diese Weise kann sich das Einzelne mehr und mehr entfalten.

Arbeitete es für sich allein, dann träfe es ja recht schnell auf Grenzen, die stärker sind als es selber. Entsprechend entfaltet sich die eingeschränkte Macht des Selbsterhaltungsstrebens nur im Zusammenspiel.

Was folgt aus dieser Neubestimmung der Selbsterhaltung für das Politische? Zunächst ergibt sich gegenüber Hobbes eine Verschiebung. Hobbes setzte, wie gesehen, eine Zentralgewalt zur Regulierung kollidierender Selbsterhaltungsbestrebungen. Weil er über die individuelle Selbsterhaltung nicht hinausschaute, erzwang er deren Koordination durch die Übermacht eines Souveräns. Entsprechend lief Hobbes' politische Philosophie auf ein Modell autoritärer Staatssouveränität hinaus. Sie sollte den Frieden durch ihre Übermacht garantieren. (Im 20. und 21. Jahrhundert konnten Carl Schmitt und seine Anhänger daran anknüpfen.[7]) Spinoza hingegen setzte die «Macht der Menge»[8] (*potentia multitudinis*) ins Zentrum. Sie sollte den Frieden durch die Integration der Einzelnen ermöglichen – und dadurch deren Macht besser entfalten: je mehr Einzelne sich zusammentun, desto stärker verfügen sie ja über ihr Sein. Hier tritt die Herrschaft einer Zentralgewalt in die zweite Linie. In der ersten Linie stehen die schöpferischen Vermittlungsprozesse der Menschen unter- und miteinander. (Hieran anknüpfen konnten im 20. und 21. Jahrhundert Antonio Negri und seine Anhänger.[9])

Für uns bedeutet das alles: Krieg und Frieden sind noch einmal anders zu rahmen. Schauen wir zurück auf Recht und Macht. Den Krieg vom Recht her verstehen heißt jetzt: ihn von einer normativen Regulation der menschlichen Selbsterhaltung her verstehen. Sie kann – hobbesianisch – autoritär oder – spinozistisch – kooperativ erfolgen. Im Fadenkreuz dieser Ausrichtungen stehen der Krieg wie seine Befriedung. Den Krieg von der Macht her verstehen wiederum heißt jetzt: ihn im Rahmen des notwendigen Aufeinandertreffens der menschlichen Selbsterhaltung zu verstehen. Dieser Rahmen kann – hobbesianisch – zerstörerisch oder – spinozistisch – entfaltend sein. Der Krieg wie seine Befriedung stehen ebenfalls im Fadenkreuz dieser Ausrichtungen. Wir müssen uns nicht zwischen Hobbes und Spinoza entscheiden. Vielmehr begreifen wir sie als die beiden gegenläufigen Grundmöglichkeiten, den Krieg unter dem Konzept der Selbsterhaltung zu bestimmen.

Denn alle vier Haltepunkte – autoritäre Normativität, kooperative Normativität, zerstörerische Macht, entfaltende Macht – können den Krieg bestimmen. Und keiner dieser Haltepunkte überwindet den Krieg. Jeder von ihnen gibt ihm nur einen anderen Schwerpunkt. Das führt zu etwas Grundsätzlichem. Ganz gleich, wie wir den Krieg verstehen: in jedem dieser Fälle liegt ihm das – unterschiedlich gedeutete – Prinzip der Selbsterhaltung zugrunde. Darum bildet es das Prinzip des Krieges. Entsprechend bestimmen die unterschiedlichen Gestalten der Selbsterhaltung auch die unterschiedlichen Gestalten des Krieges. Und sie alle bergen ihn als Option.

Nun könnte man sagen: das ist das Problem eines politischen Denkens der frühen Neuzeit, dessen Grundlagen – Hobbes' Materialismus, Spinozas Ontologie – längst zerfallen sind. Aber das griffe zu kurz. Denn das Problem der Selbsterhaltung lässt sich auf anderer Grundlage reformulieren. Und diese Grundlage ist nicht irgendeine Grundlage. Sie besteht in der Verfassung unserer Subjektivität – und also in der Grundstruktur des modernen Denkens.[10] Denn was heißt es, ein Subjekt zu sein? Elementar doch dieses: die verschiedenen Stadien seines Denkens, Handelns, Fühlens, Leidens sich selbst zuschreiben zu können. Anders gesagt: Subjektsein bedeutet Identität in wechselnden Inhalten und zu wechselnden Zeitpunkten. Damit geht keineswegs notwendig eine inflexible Starrheit einher. Es geht also nicht um «Essentialismus», wie das Abwehrzauberwort der Kulturwissenschaften lautet. Vielmehr vermag sich die Identität auch denkend, handelnd, fühlend umzuwandeln. Aber eines kann dabei nicht aufgegeben werden: dass das Subjekt *sich* umwandelt. Deshalb bedeutet Subjektsein, durch diese verschiedenen Stadien sich selbst zu erhalten.

Und darum gehen Subjektivität und Selbsterhaltung Hand in Hand.

Allerdings – warum geht damit ein *Streben* nach Selbsterhaltung einher? Es könnte sich doch einfach um ein Faktum handeln: Subjekte erhalten sich selbst. Um ihnen ein Streben nach Selbsterhaltung zuschreiben zu können, müssten ihnen hingegen die beiden Kennzeichen zukommen, die bei Hobbes und Spinoza im Spiel waren: erstens ihr Sein nicht in der Hand haben, zweitens zur Entfaltung angelegt sein. Und sie scheinen mit der Subjektivität keineswegs einherzugehen.

Aber das scheint nur so. Denn in der Tat wird die Subjektivität durch beides bestimmt. Erstens: Subjektivität kann über vieles verfügen, nicht aber über ihre Existenz. Sie kommt ihr zu: von etwas anderem her. (Wie dieses Andere zu bestimmen ist, macht in unserem Zusammenhang keinen Unterschied.) Und auch wenn ein Subjekt Hand an sich legt, beendet es nur etwas, das ihm einmal zugekommen ist. Man kann das auch so ausdrücken: die Faktizität des Subjektes wird ihm gegeben. Alles, wozu es fähig ist, besteht darin, sie sich wieder zu nehmen. Aber sich selber geben kann es sie nicht. In diesem Sinne hat die Subjektivität ihr Sein nicht in der Hand. Zweitens: Subjektivität strebt mit Notwendigkeit danach, sich zu entfalten. Indem sie ihre Identität in wechselnden Inhalten und zu wechselnden Zeitpunkten durchhält, eignet sie sich stets neue Bestimmungen an: denkend, handelnd, fühlend, leidend. In ihnen entfaltet sie sich. Gewiss kann Subjektivität verkümmern. Aber dass ihre Entfaltung nicht verwirklicht wird, gehört zu der Anlage auf Entfaltung dazu.

Hiernach geht das Subjektsein mit dem Streben nach Selbsterhaltung einher. Indessen sahen wir, dass die neuzeitliche Philosophie mit dem Streben nach Selbsterhaltung auch den Krieg verband. Das lässt sich jetzt genauer formulieren als bei Hobbes und Spinoza. Wir benötigen keine allgemeine Lehre vom Seienden, auch keine physikalischen Analogien, um jene Verbindung zu begründen. Es genügt, der im Subjekt angelegten Selbsterhaltung nachzugehen. Aus der Eigenart der Subjektivität – der Grundstruktur des modernen Denkens – kann der Krieg dann verstanden werden.

Hierzu ist zunächst einzusehen, dass das subjektive Streben nach Selbsterhaltung die Beherrschung der Welt beinhaltet.[11] Deren Bestände und Ereignisse müssen ja bewältigt werden, um sich selber zu erhalten. Solche Bewältigung erfolgt durch ihre Einordnung in die Schemata des Denkens, Handelns, Fühlens, Leidens. Entsprechend schematisiert die Subjektivität die Welt. Sie kann dann mit den Beständen und Ereignissen rechnen, mit ihnen umgehen, sie aufnehmen, sie verarbeiten. In solchem Schematismus nimmt die Subjektivität die Welt in den Griff: um sich selber erhalten zu können. Kurz, sie beherrscht sie. Aber zugleich erfolgt ein Gegenzug. Denn indem die Subjektivität zu ihrer Selbsterhaltung die Welt schematisiert, kettet sie auch sich und ihre Erfahrung an die Schemata. Sie ist dazu gezwungen, deren Berechnungsweisen, Umgangsformen, Integrationsverfahren, Verarbeitungswegen zu folgen, da ihre Selbsterhaltung sonst gefährdet wird. Und auf diesem Weg schneidet sie ganze Bereiche möglicher Erfahrung ab. Entsprechend kippt die Weltbeherrschung der sich selbst zu erhalten strebenden Subjektivität in deren Selbstverstümmelung um.

Eben das beinhaltet die Tendenz zum Krieg. Nicht nur wird er – wie schon Hobbes und Spinoza wussten – von Staaten, Gesellschaften und Gruppen geführt, die um der Selbsterhaltung ihrer Mitglieder willen bestehen. Auch schematisiert der Krieg die Welt, wie es das Streben nach Selbsterhaltung verlangt. Seine Ordnung in Freund und Feind zieht aus der Einteilung der Welt unter dem Gesichtspunkt der Selbsterhaltung die Konsequenz. Entsprechend verfügt der Krieg über das Leben, verwaltet es planmäßig in seinen Material- und Menschenschlachten, berechnet Machtkonstellationen, gießt Gewalt in Rechtsformen. Kurz, der Krieg gehört mit seinen Zielen und Mitteln zur instrumentellen Weltverwaltung. Gewiss eignet ihm auch etwas Unbeherrschbares.

Aber das Unbeherrschbare wird eingebaut in die Verfahrensweisen subjektiver Beherrschung. Folgerichtig tötet es die Erfahrung des Anderen, Desintegrierten, Unverarbeiteten ab, zumal die Erfahrung des Leides. Und der Umschlag von Selbsterhaltung in Selbstverstümmelung erfolgt im Krieg ohne Hemmungen. Indem die sich erhaltende Subjektivität die Welt mit ihren militärischen Operationen und humanitären Interventionen in den Griff nimmt, zerstört sie sich selber: in der Vernichtung von Menschen.

Das bedeutet: der Krieg stellt die zugespitzte Form des Selbsterhaltungsstrebens und seiner Dialektik dar. Aus dieser Lage bieten weder die Intersubjektivität noch die Postsubjektivität unserer Spätmoderne einen Ausweg. Vielmehr sind auch sie unwillentlich von Selbsterhaltung durchdrungen. Intersubjektivität beruht auf Inklusivität, Gleichverteilung kommunikativer Freiheit, Aufrichtigkeit und Zwanglosigkeit.[12] Wem aber kommen diese Dinge zu? Subjekten. Daran kann die Rhetorik einer Überwindung des Subjektes nichts ändern: ursprüngliche Vertrautheit mit sich selbst muss der intersubjektiven Kommunikation zugrunde liegen.[13] Und die Postsubjektivität? In ihrer folgerichtigsten Formulierung landet sie – inmitten aller Diskurse und Machtgeschehnisse – am Ende bei der Sorge um sich selbst.[14] Entsprechend treffen die intersubjektiven wie die postsubjektiven Hasen stets auf den alten Igel «Subjekt».

Dieses aber gründet auf dem Prinzip «Selbsterhaltung». Aus ihm ergibt sich die Gewalt des Krieges. Freud hatte nach der Erfahrung eines Ersten Weltkrieges dem erhaltenden und vereinigenden Prinzip des Lebens ein zerstörendes und tötendes Prinzip zur Seite gestellt. Nur jenseits des Lustprinzips schienen ihm die Menschen- und Materialschlachten erklärbar: durch Todestriebe. Sie träten den Lebenstrieben zur Seite. Im Streben nach Selbsterhaltung aber seien Lebens- und Todestriebe verbunden: man bewahre sein Leben, indem man andere Leben zerstöre.[15] Unabhängig von Freuds Seelenmodell gründet dieser Sachverhalt in der Grundstruktur des modernen Denkens. Er ergibt sich aus der weltverwaltenden Subjektivität. Weil deren Herrschaft über die Welt die Herrschaft von Menschen über Menschen beinhaltet, zieht sie die Weltbewältigung in den Krieg hinein. Entsprechend gälte es den Knoten aus Subjektivität und Selbsterhaltung zu lösen, wenn man die – von Recht oder von Macht gesteuerte – Kriegstendenz überwinden will.[16]

VI. Helden

> Und als der Krieg im vierten Lenz
> Keinen Ausblick auf Frieden bot
> Da zog der Soldat die Konsequenz
> Und starb den Heldentod.[1]

Kurz nach Beginn des Ukrainekrieges stritten sich in der Frankfurter Allgemeinen Zeitung der Osteuropahistoriker Schlögel und der Politikwissenschaftler Münkler über Heldentum.[2] Jener sah mit dem Krieg die Diagnose eines postheroischen Zeitalters widerlegt, dieser sprach von einem Missverständnis: postheroisch heiße nicht unheroisch. Gegen den heldenhaften Freiheitskrieg hatten sie beide nichts.

Gehen wir dem nach. Das Thema lautet Heroismus. Zunächst fällt auf: Helden scheinen das Prinzip «Selbsterhaltung» überwunden zu haben. In ihren Bewährungsproben setzen sie sich selber ein – bis zum Tod. Nicht zuletzt erfolgt dieser Einsatz im Krieg. Jedenfalls hat das Epos, das am Anfang der europäische Überlieferung steht, Helden so eingeführt: die *Ilias* entwirft das heroische Handeln unter den Bedingungen einer Schlacht um Troja. Allerdings heroisiert sie den Krieg selber nicht. Auch wenn sie ihn von Helden führen lässt, bleibt der Krieg ein Ärgernis: «der Verhaßteste bist du mir von den Göttern», sagt Zeus zum Ares.[3] Entsprechend nimmt das Epos den Krieg dazu, das Äußerste des menschlichen Ausgesetztseins darzustellen: das antike Bild des Helden ist ein kritisches.[4] Dennoch bleibt: die europäische Literatur führt die Helden im Kontext des Krieges ein. Und auch sachlich tendieren Helden zum Krieg. In ihm erhält ihr Selbsteinsatz eine besonders nachdrückliche Form.

Entsprechend ist es nicht ungewöhnlich, Kriege unter dem Gesichtspunkt des Heldentums zu begreifen. Man kann dann zum Beispiel unterscheiden, dass in den einen Helden und in den anderen keine Helden am Werk sind. Auch wer das Heroische liebt, begreift ja nicht alle, die den Krieg suchen, als heldenhaft. Denn mag es auch sein, dass Helden Kriege brauchen, so brauchen doch Kriege nicht unbedingt Helden. Auf dieser Grundlage lassen sich Unterschiede treffen. Dann gibt es heldenhafte und unheldenhafte Kriege – und heldenhafte und unheldenhafte Kriegsparteien innerhalb eines Krieges.

Eine klassische Version solcher Unterscheidung von Kriegsparteien lautet: Helden und Händler. Unter diesem Titel erschien eine verbreitete Schrift von Werner Sombart aus dem Jahr 1915.[5] Sie argumentierte: in Kriegen geht es nicht um nackte Machtinteressen, und es geht auch nicht um die Durchsetzung des Rechts. Vielmehr geht es um Weltanschauungen, samt ihren Gesinnungen. Und im Krieg von 1914 prallten die Gesinnungen von Helden und Händlern aufeinander. Jene sah Sombart von Deutschland verkörpert, während England die Händler repräsentierte. Hiermit wollte er nicht behaupten, dass in Deutschland niemand den Beruf des Händlers ausgeübt hätte. Es ging ihm ja um die Weltanschauung insgesamt, in der die Länder lebten. Und im Blick auf sie war klar: die eine Seite zieht aus händlerischer, die andere Seite aus heldischer Gesinnung ins Feld. Diesen Gegensatz drückte Sombart auch so aus: Krieger und Krämer stehen sich gegenüber. Wir dürfen schließen: Helden und Krieger sind dasselbe. Und offenbar gibt es krämerische Kriege und kriegerische Kriege.

So hat man einmal geredet. Und so redet man oft noch heute – oder hat es im Hinterkopf. Jedenfalls erscheinen Kriege aus Wirtschaftsinteressen meist schlechter als Kriege aus heldischem Selbsteinsatz. Doch was heißt heute eigentlich «heldisch»? Darauf sind vor allem zwei Antworten im Umlauf. Die erste lautet auf einen heroischen Realismus, die zweite auf einen heroischen Idealismus.

Der heroische Realismus beansprucht den Blick auf die Tatsachen. Hierin gleicht er der Realpolitik. Aber über deren Kalkulationen hinaus geht er in einen Selbsteinsatz jenseits der Kosten-Nutzen-Rechnung. Wie Sombarts Räsonnement über Helden und Händler gehört der heroische Realismus zur Verarbeitung des Ersten Weltkrieges. Ihre Ausrichtung bestand darin, Materialschlacht, totale Mobilmachung, Militäradministration mit der subjektiven Regung engzuführen. Auf diesem Weg wird die kriegerische Außenwelt zur individuellen Innenwelt, und umgekehrt modelliert sich die individuelle Innenwelt nach dem Krieg. Klassischer Vertreter dieses Denkens war Ernst Jünger. Er erhob den Kampf zum inneren Erlebnis; nahm die totale Mobilmachung als Gesellschaftsorganisation; entwarf eine Freiheit aus Tatsachentechnik und Lageerkenntnis.[6] Fluchtpunkt des Ganzen: «nicht nur Material, sondern zugleich Träger des Schicksals zu sein».[7]

Für diesen Komplex hatte Werner Best – Intellektueller und Funktionär des deutschen Faschismus – den Begriff «heroischer Realismus» ins Spiel gebracht; Jünger griff ihn auf.[8] Der Begriff wurde verschieden ausgedacht. Aber über die Versionen hinweg bezeichnet er eine politische Grundhaltung: die Kombination von Sachlichkeit und Heldentum. Einerseits geht es um Realismus – also um die illusionslose Einsicht in die Wirklichkeit. Hier haben Werte und Normen nichts zu suchen. Sie verstellen nur den klaren Blick für die Lage. Sie sind Illusionen. Denn unsere Lageerkenntnis hat ihr Modell im Krieg. Und im Krieg erkennen wir die Lage, erstens, durch Feindbestimmung und, zweitens, durch Standhalten. Entsprechend bedeutet «die Lage erfassen»: angesichts des Feindes standzuhalten und zu erkennen, was in der Lage nottut. Werte und Normen stören dabei nur.

Ersichtlich ist das Unterfangen, angesichts des Feindes das, was nottut, zu erkennen, kein theoretisches. Es beinhaltet die Tat. Schließlich bleibt das Modell der Krieg: Lageerkenntnis durch

Feindbestimmung bedeutet Kampf. Ihn vollziehen wir selbst dann, wenn es aussichtslos erscheinen mag. Deshalb geht es zugleich um Heroismus. Anders als der Realismus einer Realpolitik steht die Rechnung des heroischen Realismus immer im Zeichen des möglichen Unterganges. Sie sucht den Untergang nicht, aber sie zuckt auch nicht vor ihm zurück: wenn die Lage angesichts des Feindes ihn verlangt. Darum scheint diese Position – gerne mit dem Programm einer «konservativen Revolution»[9] verbunden – das Prinzip «Selbsterhaltung» überwunden zu haben. Heroisch ist sie ja deshalb, weil sie aus Einsicht in die Notwendigkeit den Selbsteinsatz verlangt, selbst angesichts des Unterganges. Nur so wird man aus dem «Material des Schicksals» zu dessen «Träger».

Das Konzept «heroischer Realismus» ist betörend – vor allem dann, wenn man es mit einer Übermacht zu tun zu haben glaubt. Denn das Konzept erlaubt, eigenes Standhalten zu erhöhen – eben ins Heldische. Noch der eigene Untergang erhält dann Sinn. Zudem ist das Konzept nicht nur so dahin entworfen. Es ist artikuliert und in sich geschlossen. Allerdings ist seine Geschlossenheit zirkulär. Sie geht aus vom Modell des Krieges und endet im Modell des Krieges. Der Krieg ist das A und O, der Anfang und das Ende. Ein anderer Horizont gelangt gar nicht erst in den Blick. So gerät die Geschlossenheit des Konzeptes ihm zugleich zum Nachteil. Es vermag nur die zu gewinnen, die ohnehin vom Krieg gewonnen sind.

Das ist bei seiner Gegenfigur anders. Zwar wurde der heroische Idealismus als eigene Haltung nicht ausformuliert. Sachlich aber findet er sich allerorten: wenn nämlich der Bezug auf Ideale, Werte, Normen mit dem Heldentum verknüpft wird. Dann geht es darum, für seine Ideale auch zu sterben. Hier leitet nicht der Krieg mit seiner Feindbestimmung und Lageerkenntnis an. Es leiten die Ideale, Werte, Normen an. Geltung besitzen sie auch außerhalb des Krieges. Wenn sie aber mit einem heldenhaften Selbsteinsatz einhergehen, dann wird der Idealismus, der jenen Leitbildern folgt, heroisch. Er kann sich dann im Krieg für seine

Ideale, Werte, Normen bewähren: etwa für Selbstbestimmung, Zivilgesellschaft und Menschenrechte. Darum ist der heroische Idealismus zwar weniger artikuliert, aber auch weniger zirkulär als sein Gegenüber. Er setzt statt des Krieges bestimmte Ideale voraus, um von ihnen her in den Kampf zu ziehen, der auch zum Krieg werden kann. Darum kann er auch diejenigen für den Krieg gewinnen, die sonst nicht unbedingt kriegerisch gesonnen sind: wenn die Ideale auf dem Spiel stehen.

Eine solche Haltung ist gängig. Sie prägt den Enthusiasmus, mit dem für die gute Sache Krieg geführt wird. Auch den Streit über Heroismus und Postheroismus, von dem wir ausgingen, leitet sie an. Für Schlögel ist der ukrainische Krieg heldenhaft, weil er das Ideal der Freiheit verteidigt: im Selbsteinsatz der Kämpfenden gegen die russischen Invasoren. Hiergegen hat auch Münkler nichts. Er gesteht ebenfalls die Möglichkeit heroischen Einsatzes zu. Nur zögert er, darum das Stadium einer postheroischen Gesellschaft aufzugeben. Diese stehe zu jenem nicht in Widerspruch. Schauen wir uns den Streitgegenstand daher noch einmal an.

Seit einigen Jahrzehnten ist das Wort «postheroisch» im Umlauf, mit Münkler als einem seiner eifrigen Verfechter.[10] Schon die Wortbildung zeigt: «postheroisch» reiht sich ein in eine Linie anderer Vokabeln, die zur Zeitdiagnose beitragen sollen, wie «posttraditionell», «postindustriell», «postmodern», «posthuman», «postdemokratisch», «postsäkular» usw. Derartige Bildungen nannte Richard Rorty einmal witzelnd «Posties».[11] Sie sind Verlegenheitswörter. Anstatt eine direkte Bestimmung der Zeit, des Denkens, der Lebensform vorzunehmen, bestimmen sie sie indirekt: in Abgrenzung von einer vorangegangenen Zeit.

Auch das Wort «postheroisch» ist solch ein Verlegenheitswort. Es suggeriert: eine Gesellschaft habe bestanden, die durch Konzepte des Heldentums bestimmt gewesen sei, und diese Zeit sei vorüber. Ihre Dauer setzt Münkler recht kurz an: von der Französischen Revolution bis zum Ende des Ersten Weltkrieges. Vor der Französischen Revolution sei das Heldentum nur eine Angelegenheit der Aristokratie gewesen; mit der Französischen Revolution und ihren Kriegen aber wurde es zur Sache des ganzen Volkes; nach dem Ersten Weltkrieg dann sei das Volk vom Krieg desillusioniert gewesen. (Fünfzehn Jahre später rannte es allerdings in einen Zweiten Weltkrieg.) Jetzt gebe es die Wahl: man könne heroisch handeln oder nicht; das hänge von den Einzelnen ab, während in heroischen Gesellschaften die Einzelnen von einem allgemeinen heroischen Ideal geprägt worden seien. Darum leben wir in postheroischen Zeiten.

Aber was ist mit dem Urbild des europäischen Heldentums: dem alten Griechenland? Was mit dem mittelalterlichen Wehrstand? Sie bildeten keine heroischen Gesellschaften, sondern heroische Gemeinschaften. Hier kommt die Begrifflichkeit eines soziologischen Klassikers ins Spiel: Ferdinand Tönnies' *Gemeinschaft und Gesellschaft*.[12] Dessen Kerngedanke: es gibt einen «Wesenwillen» und einen «Kürwillen», und ihnen entsprechend zwei Grundformen des menschlichen Miteinanders. Im Wesenwillen gestaltet sich das Miteinander aus einem Sein: Sitte, Tradition, Sinnverstehen. Im Kürwillen gestaltet sich das Miteinander aus einer Wahl: Satzung, Vertrag, Konventionen. Münkler übernimmt diese Formulierungen nicht. Aber in der Sache folgt er – wie so viele – der intuitiven Unterscheidung zwischen Gemeinschaft und Gesellschaft. Und bezogen auf den Heroismus stellt er fest: in Gemeinschaften hatte er einen besseren Stand als in Gesellschaften. Er zog sich von der Antike bis ins späte Mittelalter. In Gesellschaften aber verlor er nach der Gesamterfahrung eines Ersten Weltkrieges seinen Stand. In der Folge gestalteten sie sich postheroisch. Sie wissen sich nach dem Heldentum – und *wollen* das auch sein.

Was indessen ist das heroische Ideal? Nichts anderes als das Selbstopfer für eine Sache. Es steht in der Tat in keinem Widerspruch zur postheroischen Gesellschaft. Darum können sich innerhalb einer postheroischen Gesellschaft auch alte und neue heroische Gemeinschaften bilden: Militär, Aktivistinnen, Terrorgruppen. Und darum können sich individuelle Selbstopfer geltend machen: Lebensretterin, Krankenhauspfleger, Sozialarbeiterin. Manche sprechen hier von «postheroischen Helden».[13] Indessen müssen wir festhalten: in beiden Fällen handelt es sich um eine Wahl innerhalb einer auf «Kürwillen» beruhenden Gesellschaft – und nicht um die Übernahme von Sitte, Tradition, Sinnverstehen einer Gemeinschaft. Das gilt nicht nur von den einzelnen postheroischen Helden. Auch der Anschluss an eine heroische Gemeinschaft innerhalb der postheroischen Gesellschaft gründet heute in einer Wahl. So sehr er von Motivlagen, Beeinflussungen oder Prägungen abhängen mag, so sehr bildet er eine Alternative unter Alternativen. Er beruht daher auf «Kür» – und unterscheidet sich dadurch von der Teilhabe an einer «wesentlichen» Gemeinschaft.

In diesem Zug vermag sich innerhalb einer Gesellschaft nach dem Heldentum ein neues Heldentum einzurichten. Und darum bildet das neue Heldentum der Ukraine – nicht zuletzt sichtbar in seinen Bildern: Inszenierung des ukrainischen Staatspräsidenten, Ruhmesbekundungen der Massen, Elogen der Intellektuellen – keinen Einwand gegen die Diagnose «postheroisch». Das war ja der ursprüngliche Streitfall. Man kann nun sagen: hier macht sich kein allgemeines heroisches Ideal geltend. Vielmehr erfolgt eine Wahl für das individuelle Selbstopfer – oder für eine Gemeinschaft, die sich selber im Krieg einzusetzen bereit ist. Erfolgen kann sie aus heroischem Realismus oder aus heroischem Idealismus. Denn beide Haltungen sind Haltungen des Heroismus in einer postheroischen Gesellschaft. Sie sind Entscheidungen.

Entsprechend lassen sich der heroische Idealismus wie der heroische Realismus mit einer postheroischen Welt verknüpfen. Was folgt daraus für die Bestimmtheit des Krieges? Hat der heroische Krieg also das Prinzip «Selbsterhaltung» überwunden? Immerhin beruht er doch auf dem Selbstopfer: sei es aus Lageerkenntnis und Feindbestimmung, sei es aus Werten, Normen und Idealen.

Doch das Heldentum überwindet das Streben nach Selbsterhaltung nicht. Im Gegenteil. Denn die Selbsterhaltung zielt nicht aufs ‹Dass›. Sie zielt auf ein ‹Was›. Das Selbstsein überschreitet ja die nackte Faktizität und meint die eigene Identität im Gesamtzusammenhang eines Weltentwurfes – wie immer vorläufig und brüchig beides auch sein mag.[14] Entsprechend besteht das Sein, das es strebend zu erhalten gilt, in dieser Identität: einem Was-sein statt nacktem Dass-sein. Entsprechend umfasst das Prinzip «Selbsterhaltung» so unterschiedliche Dinge wie dauerhaftes Selbstverständnis, Abschneiden von Andersheit oder Rechtbehaltenwollen. In der Diagnose einer Dialektik der Aufklärung wurden sie angesprochen. Dort ging es vor allem um ihre nüchterne, berechnende Seite. Sie erlauben aber auch ihre heroische Fassung. Denn dieses Was-sein eines Menschen kann mit seinem Dass-sein zusammenstoßen. Womöglich verlöre ja ein Mensch seine Identität gerade dadurch, dass er sie um seines bloßen Überlebens willen aufgibt. Hier würde er durchkommen, aber sich gerade nicht selbst erhalten.

Helden machen nichts anderes, als ihr Selbstverständnis bis zum Preis ihres Unterganges zu erhalten. Gerade dann, wenn sie nicht aufgeben, sondern sich opfern, behalten sie recht. Gäben sie hingegen zu, dass sie anders sein könnten, als ihr Selbstsein es festlegt, wären sie vom Zwang des Selbstopfers befreit. All das erfolgt auch im Heldentum des Krieges. Es besteht in der Rechthaberei der Kriegsteilnehmer: also in der Aufrechterhaltung ihres Selbstkonzeptes. Das Andere ihrer selbst müssen sie als Widerspruch zu ihren Idealen, Normen, Werten sehen, der gewaltsam aufzulösen ist. Sie bestimmen es als Feind: um es zu vernichten. So hängen die heroischen Kriege an demselben Prinzip «Selbsterhaltung» wie die postheroischen Kriege. Durch ihre prunkenden Auftritte färben sie es anders ein. In ihrem Kern aber sind sie nackt.

VII. Institutionen

Kriege bringen Alltagsverläufe durcheinander. Mit ihrer Gewalt sprengen sie das gewohnte Leben. Vielleicht ist das nichts Schlechtes. Immerhin halten Alltag und Trott unsere Zwänge in Kraft. Und sie verdrängen die Sinnfrage. Man macht einfach so weiter, ohne zu hinterfragen. Ein Krieg hingegen bricht im doppelten Sinn aus: wie ein Vulkan – und wie Gefangene aus ihrer Zelle oder wie Menschen, die die gängigen Schemata nicht mehr länger mitmachen.

An solche Eindrücke knüpfen sowohl der heroische Realismus als auch der heroische Idealismus an. Wer den Kampf als inneres Erlebnis feiert, versteht die Kriegsteilnahme als Intensität, die über die extensive Routine des Alltäglichen hinausreicht. Sie soll dessen Leere mit neuem Sinn füllen. Ähnliches gilt für die, die den Krieg für Ideale, Werte, Normen zum Heldentum erhöhen. Auch sie sehen ihn über das Gewöhnliche hinausgehen – und darum neue Glut für die allzu sehr daher trottende Normativität entfachen. Bloß die Realpolitik scheint davon unberührt. Ihre Machtrechnungen erheben gar nicht erst den Anspruch, Außergewöhnliches zu betreffen. Vielmehr wollen sie den routinierten Alltag der Außenpolitik erfassen. Und doch zielen auch sie jenseits des Gewöhnlichen: sie leben vom Flair des Riskanten. Im Blick auf das Risiko, den Einsatz und den möglichen Verlust stößt die Realpolitik innerhalb des Gewohnten auf eine Intensität, die dessen Extension versagt. So scheint aus allen Perspektiven der Krieg außeralltäglich. Als das Andere des Zivilen verspricht er, die Gleichmäßigkeit der bürgerlichen Welt aufzubrechen.

Daran ändert offenbar auch der Sachverhalt nichts, dass Kriege selber alltäglich sind und alltäglich werden. Kriege *sind* alltäglich: weil die Alltagserfahrung längst über die Erfahrung der Nahumgebung hinausreicht und die Gefechte der Welt dauerhaft in sie hineinschwappen. Und Kriege *werden* alltäglich: weil sie in ihrer Fortführung das Leben der – unmittelbar oder mittelbar – Betroffenen mit ihrem Leid, ihren Zumutungen und Bildern Tag für Tag prägen und sich so einschleifen. Für die kriegsführenden Gruppen kann das eine Gefahr sein. Ihr Krieg darf nicht zur Routine werden: zu viel Kriegsalltag macht ihn unerträglich oder lästig. Er muss daher trotz seiner Alltäglichkeit das Außergewöhnliche bergen, sofern er attraktiv sein will.

Das wurde von der existentialistischen Philosophie aufgegriffen. Unmittelbar nach dem Ende eines Ersten Weltkrieges erschien Karl Jaspers' *Psychologie der Weltanschauungen*. Weltanschauungen – mit diesem Konzept hatte Wilhelm Dilthey die metaphysischen Entwürfe fasslich gemacht. Nach ihm ist jede Metaphysik eine Form, in der sich «das Leben» selber versteht: indem es ein Bild der Welt entwirft. Solche Weltanschauungen treten unterschiedlich auf. Sie nehmen die Form wissenschaftlicher Systeme, religiöser Gebäude, künstlerischer Erzeugnisse oder persönlicher Zurechtlegungen an. Stets aber geben sie «Bedeutung und Sinn des Ganzen»[1] an. Und weil die Bedeutung und der Sinn des Ganzen immer eine Bedeutung und einen Sinn für das Leben darstellen, betreffen sie zugleich das, was «mich am meisten angeht».[2] Entsprechend besitzen Weltanschauungen eine objektive und eine subjektive Seite. Einerseits zeichnen sie ein Bild der Welt; anderseits stellt dieses Bild der Welt etwas dar, was das Subjekt angeht. Und noch ein Drittes ist wichtig: Weltanschauungen stehen im Plural. Das heißt, es gibt viele Weltanschauungen, und sie verändern sich im Lauf der Geschichte. Solche Pluralität lässt sich in Typen ordnen: in idealistische, materialistische, christliche, wissenschaftliche und weitere Weltanschauungen. Diese Weltanschauungslehre übte auf die Geisteswissenschaften eine ungeheure Wirkung aus.

Was machte nun Karl Jaspers mit ihr? Als philosophierender Psychiater schloss er die Weltanschauungslehre mit der Psychologie zusammen – und formulierte sie dadurch grundlegend um. Wenn Weltanschauungen den Sinn des Ganzen formulieren, der «mich am meisten angeht», dann kann man das auch umgedreht lesen: sie werden erst aus dem, was mich am meisten angeht, verständlich. Entsprechend sieht Jaspers in den Weltanschauungen psychologische Verfassungen am Werk. So lassen sich rationalistische Weltanschauungen auf das Bedürfnis nach Berechenbarkeit der Welt beziehen, skeptische Weltanschauungen auf die Erfahrung des Selbstwiderspruches usw. Solche Bedürfnisse und Erfahrungen zielen auf ein gelingendes Dasein in einer verstandenen Welt. Sie einzufangen ist das Ziel einer Psychologie der Weltanschauungen.

Sachlich versteht sie Weltanschauungen als «Existenzerhellung».[3] Die Psychologie der Weltanschauung sieht: deren Entwürfe bilden Gehäuse, die unserem Dasein Sinn geben. In ihnen können die Menschen wohnen. Aber Weltanschauungen verhärten sich auch. Dann werden sie zu «toten Gehäusen».[4] In ihnen verfangen sich die Menschen, und an die Stelle von Existenzerhellung tritt Daseinseinzwängung. Existentiell wichtig wird daher die Fähigkeit, tote weltanschauliche Gehäuse zu erschüttern. Das erfolgt in Grenzsituationen. Darunter verstand Jaspers Situationen, die das Dasein an seine Grenze bringen, indem sie die toten Gehäuse einstürzen lassen, in denen man dahinlebte, aber eigentlich nicht mehr lebendig war. An dieser Grenze gibt es nur noch zwei Möglichkeiten: entweder erhellt sich die Existenz in einem neuen, lebendigen Weltentwurf – oder sie geht an der Erfahrung der Grenzsituation zugrunde. Auf solche Nötigung läuft die Psychologie der Weltanschauungen hinaus. Für den Existentialismus hatte das eine kaum zu überschätzende Bedeutung.[5]

Hiernach bilden Grenzsituationen das Außergewöhnliche, das die Routine, den Alltag, das Eingefahrene erschüttert. Jaspers beschreibt vier solche Grenzsituationen: Zufall, Schuld, Tod – und Kampf.[6] Und damit kommen wir zum Krieg zurück. Zwar ist nicht aller Kampf ein Krieg, aber aller Krieg ein Kampf. Kein Wunder also, dass Jaspers den Pazifismus als zentrale Verkennung der Grenzsituation «Kampf» anführt. Hier seine Worte: «In einer Lehre von utopischem Pazifismus, in der selbstgerechten Bewahrung von materiell nützlicher und geistig bequemer Neutralität, als ob das eine Leistung sei, tritt er aus dem Zentrum lebendiger Kräfte hinaus. In Selbsttäuschungen über die faktischen Bedingungen seiner eigenen Existenz ist er nervös, gehässig, empfindlich einerseits, ruhig und bieder andererseits. Faktisch von ihm günstigen Kampfkonstellationen lebend, glaubt er an Existenz ohne Kampf.»[7] Das meint: pazifistisch «verkennt der Mensch den Kampf als ein Letztes». Er bildet sich ein, es gäbe noch etwas hinter ihm, auf das er sich zurückziehen könnte. Kurz, er verkennt den Kampf – und den Krieg – als Grenzsituation. Darum bleibt er im toten Gehäuse seiner Friedensweltanschauung stecken: empfindlich und bieder zugleich.

Soweit Jaspers. Für uns ist wichtig: seine Psychologie der Weltanschauungen setzt den Krieg als Erschütterung toter Gehäuse an – und bietet ihn so als existenzerhellenden Vorgang dar. Hier findet das Außergewöhnliche des Krieges seine Grundlage. Sie besagt: was Realpolitik, heroischer Realismus und heroischer Idealismus aufgreifen, die alltagsverstörende Intensität des Krieges, wurzelt im Dasein selber. Denn die Annahme, im Kriegsausbruch den Ausbruch aus dem Gewöhnlichen zu finden, findet in der existentiellen Grenzsituation ihre Beglaubigung. Dort, wo die Weltanschauungen das, was mich am meisten angeht, versteinert und verholzt haben, holt der Krieg es ins Dasein zurück.

Indessen muss sich der existentialistische Rahmen begriffsgeschichtlich ernüchtern lassen. Denn den Begriff des Gehäuses übernahm Karl Jaspers von Max Weber. Jaspers bewunderte Weber.[8] Weber wiederum verwandte den Begriff des Gehäuses zur Kennzeichnung des Kapitalismus nach dem Ende seines Geistes. Damit ist gemeint: die Menschen haben sich in ihre wirtschaftliche Verwertung, politische Verwaltung und wissenschaftliche Betriebsamkeit eingefügt, ohne dass sie diese noch in ihr Selbstkonzept zu integrieren vermöchten. Solche Integration ermöglichte einst die protestantische Berufsethik. Sie verhieß: in Wirtschaft, Politik und Wissenschaft erfüllen wir einen Beruf, der uns in einer gottgegründeten Ordnung das Unsere zu tun aufgibt. Diese Berufsethik ist zerbrochen. Entsprechend folgen die Menschen jetzt ihren Anforderungen, ohne sich in ihnen wiederzuerkennen: deren Gefüge schließt sich zum «stahlharten Gehäuse der Hörigkeit»[9] zusammen. In einem solchen Gehäuse kann man nicht wohnen, nur hausen. Der junge Lukács bezeichnete das als «transzendentale Obdachlosigkeit».[10]

Dieser Zusammenhang erdet die Grenzsituation. Der Existentialismus sagte: Grenzsituationen sollen tote Gehäuse erschüttern. Vor der Begriffsgeschichte wird nun klar: ihr Konzept zielt auf eine Situation, in der die instrumentelle Rationalität von wirtschaftlicher Verwertung, bürokratischer Herrschaft und wissenschaftlichem Betrieb – kurz: das moderne Gehäuse der Hörigkeit – aus den Angeln gehoben wird. Denn das tote Gehäuse ist nichts anderes als das stahlharte Gehäuse des entwickelten Kapitalismus. Jaspers existentialisierte es. Doch tatsächlich bildet die Grenzsituation keine existentielle Angelegenheit über alle Zeiten und Völker hinweg. Vielmehr spiegelt sich in ihr das konkrete Bedürfnis des kapitalistischen Daseins wider: nach Ausbruch aus seinem leeren, durchrationalisierten Leben als Fachmensch ohne Geist, Genussmensch ohne Herz.[11] Auch der Krieg als Grenzsituation findet hier seine Konkretion. Er soll aus dem stahlharten Gehäuse der Hörigkeit – anders gesagt: aus der transzendentalen Obdachlosigkeit – der bürgerlichen Gesellschaft herausführen.

Nun ist dieses Gehäuse ein Institutionengefüge. Es besteht aus dauerhaften, geregelten Einrichtungen des menschlichen Zusammenlebens. Folglich lässt sich der Sachverhalt auch so formulieren: Grenzsituationen erschüttern die Institutionen der bürgerlichen Gesellschaft. Das ist ihr objektiver Kern. An ihm scheint die Bestimmtheit des Krieges teil zu haben. Sie besagt dann: als Grenzsituation bricht der Krieg die geistlosen Einrichtungen der Moderne auf. Jaspers glaubte es. Und es ist die Verheißung des Krieges an alle, die im Gehäuse der Hörigkeit dahinleben: der Krieg soll die Institutionen von Wirtschaft und Gesellschaft erschüttern, in deren Hohlheit wir hausen.

Aber das Versprechen täuscht. Denn der Krieg ist selber eine Institution. Nicht nur sind alle seine Elemente bürokratisiert: vom Militär über die Kriegswirtschaft bis zum Kriegsrecht. Auch als Ganzes bildet der Krieg eine Einrichtung. Er wird geplant, erklärt, vollzogen – ist also instrumentell, durchrationalisiert, berechnet. Und all das im Zusammenhang derselben bürgerlichen Gesellschaft, deren Institutionen er zu erschüttern scheint. Gewiss, er betrifft unsere Existenz im Extrem: durch ihre Vernichtung. Aber eine Grenzsituation im Sinne von Jaspers bildet er gerade nicht – kein Ausweg aus dem Institutionengefüge wird ja von ihm eröffnet, der selber zu dem Gefüge gehört. So führen seine Stahlgewitter das stahlharte Gehäuse weiter.

Allerdings scheint dem institutionellen Charakter des Krieges sein Gegensatz zum Zivilen zu widersprechen. Immerhin verlangen die Institutionen der bürgerlichen Gesellschaft doch den Verzicht der Menschen auf gewaltsamen Umgang miteinander. Dieser Verzicht auf Gewalt wird durch deren eigene Institutionalisierung gewährleistet. Indem man zwischen gesetzlicher und ungesetzlicher Gewalt unterscheidet, lässt sich jene zur Eindämmung von dieser einrichten: als Justiz, Polizei und Bestrafung. Das war ja der Punkt der klassischen Selbsterhaltungstheorien: die rechtliche Zivilisierung der Gewalt. Eben sie gerät im Krieg ins Wanken. Zwar will das Recht – und also das Zivile – auch im Krieg seine Geltung behaupten: als Institution soll der Krieg dem Kriegsrecht und seiner Gerichtsbarkeit gehorchen. Aber tatsächlich vollziehen sich Kriege stets in Rechtsbrüchen, von Guantanamo bis zum Einmarsch in die Ukraine, sodass das Friedensgebot der Institutionen außer Kraft gesetzt wird. So kündigt der Krieg die Zivilität der Institutionen auf. Und entsprechend scheint er nicht im Institutionengefüge eingehegt werden zu können. Vielmehr durchbricht er es – und wird zur Grenzsituation.

Indessen sagt diese Überlegung weniger etwas über die antiinstitutionelle Bestimmtheit des Krieges aus als über die Gewalttendenz von Institutionen. Insgesamt sind die Einrichtungen der bürgerlichen Gesellschaft widersprüchlich. Sie verheißen den Frieden und bergen den Krieg. Ob Wirtschaft, Recht, Politik, Wissenschaft – im Notfall gehen ihre Institutionen ins Gefecht über, sei's aktiv, sei's passiv. Hiermit ist keineswegs ihre Aufkündigung verbunden. Es gibt eine Kriegswirtschaft und ein Kriegsrecht, eine Kriegspolitik und eine Kriegswissenschaft – alles im Kontinuum des jeweiligen Institutionenkreises. Entsprechend steht der Krieg nicht gegen die Einrichtungen des menschlichen Zusammenlebens. Er gehört zu ihnen: als ihr Extrem.

Allerdings tötet er die Institutionen weiter ab: von außen wie von innen. Von außen, weil er den Schutz des menschlichen Miteinanders, den die anderen Institutionen gewähren, mit seinen Erfordernissen und Aktionen außer Kraft setzt. Von innen, weil er Wissenschaft, Recht und Politik in seinem Dienst vollends geistlos werden lässt. Sie verlieren ja ihren Eigensinn und lassen sich einberufen. Das heißt: statt den institutionellen Rahmen zu erschüttern, verstärkt der Krieg die Hohlheit des Gehäuses der Hörigkeit. Sein Antiziviles widerspricht nicht den Einrichtungen der bürgerlichen Gesellschaft – es bildet ihren Tiefpunkt.

Aber die «neuen Kriege» unserer Zeit? Anders als die großen Kriege des 20. Jahrhunderts werden sie nicht mehr von Staaten gegen Staaten geführt. Sie verbleiben im Kleinen, Regionalen, Niedrigschwelligen. Und das scheint unterhalb der institutionellen Ebene zu verlaufen. Anstelle von Einrichtungen prallen in ihnen vorstaatliche Akteure aufeinander: Terrorgruppen, Erpresser ganzer Regionen, Fanatiker.[12] Brechen sie nicht aus dem bürgerlichen Gehäuse aus? Gewiss haben die «neuen Kriege» mit der Daseinserhellung wenig zu tun, die das Konzept vom Krieg als Grenzsituation behauptete. Aber sie verabschieden den Krieg als bürgerliche Einrichtung. Denn anders als die alten Kriege gehen sie in einen Zustand offener Bandenherrschaft über. Sie könnten daher die Auffassung einer Erschütterung von Institutionen, die ehedem zum existentiellen Entwurf verklärt wurde, in einem traurigeren Zustand bestätigen.

Doch auch hier darf man sich nicht irreführen lassen. Erstens beteiligen sich an den «neuen Kriegen» (die so neu nicht sind) immer noch mehr als genügend staatliche Institutionen: von den Nachrichtendiensten der Mächte bis zu den internationalen Rechtseinrichtungen mit ihren Friedenstruppen. Und zweitens sind ihre Akteure sehr wohl institutionalisiert. Hierzu gilt es zu beachten, dass die bürgerliche Gesellschaft sich längst nicht mehr nur in ihren klassischen Einrichtungen aufrechterhält. Neben diese sind «Rackets» getreten.

Mit dem Begriff des Rackets hatte Max Horkheimer eine Herrschaftsform aus Beuteverteilung, Gewaltdrohung und Schutzversprechen bezeichnet.[13] Sie betraf eine Bandenherrschaft, die er sowohl in den faschistischen Ländern als auch in den Vereinigten Staaten erkannte. Im Umkreis des Instituts für Sozialforschung zog man sie zum Verständnis der Lage heran.[14] Inzwischen wurde sie systematisiert.[15] Ihr Kern: das Racket bildet eine Herrschaftsform, die sich durch den Einschluss und den Ausschluss von Freund und Feind bestimmt, mit denen konkurrierende Gruppen ihre jeweiligen Beuteabsichten durchsetzen. Hierdurch nimmt die Racketherrschaft alle Versprechen zurück, mit denen die bürgerliche Gesellschaft traditionell über sich hinauswies: Freiheit, Gleichheit, Geschwisterlichkeit. Aber den Institutionencharakter selber zieht sie nicht ein. Vielmehr sind Rackets gar nichts anderes als gesellschaftliche Einrichtungen – geregelte, dauerhafte Formen des menschlichen Zusammenwirkens, um gewisse Aufgaben und

Umstände zu bewältigen und menschliches Handeln stabil zu orientieren. Darum bilden sie funktionale Institutionen.

Kant überlegte einmal, dass selbst «ein Volk von Teufeln» den Staat einrichte.[16] Damit meinte er: die Institutionen eines erfolgreichen Zusammenlebens befinden sich diesseits von Gut und Böse. Kants Fehler bestand darin, diesen Sachverhalt als geheimen Antrieb für den Fortgang zu einer menschlicheren Welt zu deuten. In Wahrheit bezeugt er die Vormoralität der Institutionen. Rackets wären wohl die wichtigsten Einrichtungen eines solchen Teufellebens. Entsprechend stellen die Rackets Einrichtungen neuen Typs dar: bürgerliche Institutionen, deren Gehäuse der Hörigkeit das alte Zivilitätsversprechen zurückgenommen hat. Sie kündigen den Gewaltverzicht zugunsten eines dauerhaften, geregelten – und das heißt eben: eingerichteten – Beutemachens, unter den entsprechenden Ideologien. Nichts anderes ist in den neuen, den «kleinen» Kriegen am Werk. Deshalb erschüttern auch sie das Institutionengefüge der bürgerlichen Gesellschaft nicht. Sie bilden nur dessen schmutzige Variante.

Nach alledem stellt der Krieg selber eine Einrichtung im Gehäuse der Hörigkeit dar. Entsprechend gilt es, zuletzt nach seiner institutionellen Eigenbestimmtheit zu fragen. Sie zu erkennen hilft eine der wichtigsten Institutionentheorien: die Theorie Arnold Gehlens. Zwar ist die Theorie insgesamt grundschief. Denn Gehlen verstand Institutionen als Formen der Entlastung.[17] Ihm zufolge stabilisieren sie das menschliche Außen- wie Innenleben mittels überpersönlicher Muster, in die man sich einordnet, wodurch sie Verhaltenssicherheit gewähren. Ersichtlich beruht das auf einem schlichten Menschenbild: Gehlen behauptete, der Mensch sei ein Mängelwesen, das ohne Entlastungsfunktionen untergehen müsste.[18] Doch unbesehen solchen Kleinmutes fand Gehlen einen erhellenden Ausdruck für Institutionen. Er erkannte in ihnen «helfende Fiktionen».[19] Das meinte: die Einrichtungen eines geregelten, dauerhaften Zusammenlebens ersinnen einen Zusammenhang, der unsere uneinheitliche Faktizität zu einer bedeutungsvollen Einheit verbindet. Nur so lassen sich die gegenläufigen Tendenzen des Miteinanders gleichartig ausrichten.

Das gilt auch für den Krieg. Als Institution bildet er zugleich eine helfende Fiktion. Worin besteht sie? Nach dem Gesagten ist es klar. Der Krieg ist die Institution, deren helfende Fiktion darin besteht, keine Institution, sondern eine existenzerhellende Grenzsituation zu sein. Dadurch macht der Krieg das stählerne Gehäuse erträglich. Obwohl er zu diesem gehört, fingiert er dessen Außerhalb. Er ist die Institution der bürgerlichen Gesellschaft, die deren Erschütterung vorspielt. Aber seine Fiktion ist eine Fiktion. Denn in Wahrheit erschüttert er nicht, sondern stabilisiert. Stattdessen gießt er den Abschied vom bürgerlichen Frieden in eine Institution um.

Anders als die anderen helfenden Fiktionen muss der Krieg daher in den Schein münden. Mit ihm, dem Spektakel, geht er notwendig einher: weil seine Einrichtung das Ende der Einrichtung vorspielt. Hieraus erklärt sich seine Ästhetisierung. Vom modernen Hauptroman zum Thema, Tolstojs *Krieg und Frieden*, wurde sie als der Kern des Krieges gestaltet.[20] In Napoleon, dem «Künstler», setzte Tolstoi sie ins Bild; in Pierre Besuchows Blick auf die Opfer von Borodino verstörte er sie; in dessen Abschied vom ästhetischen Erlebnis skizzierte er ihre Überwindung. Tolstojs Einsicht war so selten, wie sie wieder verloren ging. Seit jeher wurde der Krieg ästhetisiert; die Ergüsse der Jünger & Co. haben das fortgeführt. Es gehört notwendig zum Krieg, der vorspielenden Institution. Denn der Krieg ist die Einrichtung, die das Andere des Institutionengefüges – die Grenzsituation – fingiert und also in den Schein münden muss. Hiergegen hat Tolstoj vergeblich angeschrieben.

Indessen heißt der umrissene Tatbestand zuletzt: der Krieg fingiert das Andere der transzendentalen Obdachlosigkeit. Darin besteht der Kern seiner Anziehungskraft. Schließlich bildet das stählerne Gehäuse der bürgerlichen Gesellschaft kein Haus. Es bietet kein Obdach. Angesichts dieses Elends – im wörtlichen

Sinne: der Unheimischkeit – tut die helfende Fiktion der Institution «Krieg» so, als führe sie ins Freie. In Wahrheit aber bleiben die Menschen im Krieg obdachlos. Mehr noch: in ihm finden sie nicht nur transzendental kein Obdach, sondern auch empirisch. Darum steigert der Krieg ihre Unbehaustheit ins Äußerste. Institutionen, meinte Gehlen, entheben die Menschen ihrer Notdurft. Die Institution «Krieg» aber erschafft die dauerhafte Notdurft. Folglich mündet sie als die helfende Fiktion, man wäre aus dem Institutionengefüge ausgebrochen, in die nackte Faktizität des Ausgeliefertseins.

VIII. Angst

Der Krieg gehört zum Institutionengefüge der bürgerlichen Gesellschaft. Darum könnte aus deren Grundstruktur seine Bestimmtheit sich weiter erklären lassen. Schauen wir also noch einmal auf diese Grundstruktur.

Wir sahen: sie lässt sich mit dem Konzept «Selbsterhaltung» – einem Kernkonzept des modernen Denkens – erschließen. Und wir sahen weiter, dass man von diesem Konzept aus den Bogen zur Dialektik der Aufklärung und ihrer verwalteten Welt schlagen kann, die ja Vernunft und Selbsterhaltung verknüpft. Beides ermöglichte eine Bestimmung des Krieges. Sie lautet: der Krieg gehört zu den Verfahren der Weltverwaltung unter dem Prinzip der Selbsterhaltung. Eben deshalb bildet er eine Einrichtung der bürgerlichen Gesellschaft – und nicht ihre Erschütterung oder irrsinnige Abweichung. Sogar der kollektive Einsatz des eigenen Lebens auf dem Schlachtfeld gewinnt hieraus seinen Sinn. Sofern er nicht aus zufälligen, individuellen Motivationen erfolgt, soll er der Durchsetzung und Behauptung von Gefügen dienen, denen die Menschen sich als Bedingungen ihrer Selbsterhaltung hingeben: Staaten, Großräume, Rackets. Hiernach begründet die Grundstruktur der bürgerlichen Gesellschaft unter dem Prinzip «Selbsterhaltung» deren Kriege.

Nun schrumpft diese Grundstruktur nicht auf das Außenverhältnis der Menschen zusammen. Vielmehr geht mit ihrer Vergesellschaftung auch eine subjektive Grundbestimmtheit einher. Sie lautet: Angst. Denn unter dem Prinzip «Selbsterhaltung» leben die Menschen in der steten Angst der Vernichtung. Unmittelbar deutlich wird diese Angst in dem Begriff «*Streben* nach Selbsterhaltung». Der Begriff macht klar: man erhält sich nicht einfach selbst, man bemüht sich darum. Offenbar droht das eigene Ende. Es zu verhindern ist der Sinn des Strebens. Deshalb ist es durch die negative Besetzung des eigenen Endes bestimmt. Alle Abwehr, Sorge und Vorkehrung, die dem Streben nach Selbsterhaltung entspringen, gilt zuletzt ihm. Das eigene Ende darf nicht eintreten. In diesem Sinn lauert am Grund des Selbsterhaltungsstrebens die Vernichtungsangst.

Sie bildet die subjektive Grundbestimmtheit der Menschen, deren Vergesellschaftung aus dem Streben nach Selbsterhaltung erfolgt. Auch wenn die Vernichtungsangst nur selten zum Thema des bürgerlichen Lebens wird – sie begleitet es ständig. Sie bildet den schwarzen Horizont, in dem das Licht seiner Rationalität steht. Deren Leistungen in Wirtschaft, Wissenschaft und Politik gelten ihrer Bewältigung: denn sie werden vom Streben nach Selbsterhaltung getragen. Kurz, um das Selbst kreist die bürgerliche Gesellschaft – seine Vernichtung soll sie verhindern.

Hieraus ergibt sich, dass auch der Krieg, als ein Verfahren der Selbsterhaltung, mit Vernichtungsangst einhergeht. Von ihr wird er angetrieben: an seinem Grund. Auf den ersten Blick wirkt das seltsam. Denn im Krieg scheinen die Menschen ihre Vernichtungsangst gerade zu überwinden – sie setzen ja ihr Leben aufs Spiel, zugunsten höherer oder niederer Ziele. Aber das scheint eben nur auf den ersten Blick so. Ein zweiter Blick zeigt, dass sogar der Einsatz des eigenen Lebens nur zugunsten der Selbsterhaltung erfolgt. Denn bei ihm geht es um die Erhaltung eines höheren Selbst: eines Selbst, das sich dadurch behauptet, dass es sein Leben aufgibt. Damit ist der folgende Sachverhalt gemeint.

Wie im Zusammenhang des Heroischen gesehen, geht es in der Selbsterhaltung nicht nur um das eigene ‹Dass›. Es geht auch um das eigene ‹Was›. Darum gibt es Situationen, in denen das Streben nach Selbsterhaltung sich gegen das Überleben stellen kann. Entsprechend läuft die Vernichtungsangst, die im Prinzip «Selbsterhaltung» beschlossen liegt, nicht notwendig auf den Wunsch hinaus, am Leben zu bleiben. Vielmehr ängstigt sie sich vor dem Ende der eigenen Identität. Sie ist eine Angst, die das ‹Was› der Menschen sogar stärker betreffen kann als ihr ‹Dass›. Darum nimmt es wenig wunder, dass der Krieg mit ungeheuren Menschenopfern einhergeht. Diese Opfer erfolgen keineswegs nur aus der Schwäche derer, die sich gegen die Kommandos der Stärkeren nicht zu wehren wissen. Zum großen Teil erfolgen sie auch aus dem willentlichen Einsatz des eigenen Lebens für eine Identität, die unwillentlich von Vernichtungsangst getrieben wird. Das gehört zum Krieg als Verfahren der Selbsterhaltung dazu.

Um das Eigentümliche der Vernichtungsangst am Grund des Krieges zu verstehen, müssen wir etwas weiter ausgreifen. Im Blick auf sie macht sich der Unterschied von Angst und Furcht geltend.[1] Dieser Unterschied lautet: die Furcht bezieht sich auf etwas Bestimmtes, die Angst auf etwas Unbestimmtes. Im Krieg scheint auf den ersten Blick die Furcht herrschend. Schließlich bezieht der Krieg sich auf einen Feind, also auf einen bestimmten Gegenstand. Im Blick auf ihn lässt sich die Furcht im Krieg auch bezwingen. Eine klassische Argumentation hierzu bietet der Feldherr Nikias in Platons Dialog *Laches*. Er überlegt: weil die Furcht gegenstandsbezogen ist, gehört zu ihr ein Wissen darum, was zu fürchten ist.[2] Ein solches Wissen um den Gegenstand der Furcht kann verschiedene Grade der Genauigkeit besitzen. Aber zuletzt bindet es die Furcht an die sachliche Bestimmtheit ihres Gegenstandes. Das erlaubt es, mit ihr umzugehen. Denn aufgrund dieser Bindung lässt sich die Furcht auf ihren Sachgrund hinterfragen – und so nötigenfalls überwinden.

Für den Krieg ist das entscheidend. Denn es verbindet die Furcht mit ihrem Gegenstück: der Tapferkeit. Auch sie ist gegenstandsbezogen. Unterschieden vom Draufgängertum, beruht sie auf dem Wissen um ihren Gegenstand und das, was an ihm zu fürchten ist. In den Worten des Nikias: wer gegen etwas, das er nicht kennt, Krieg führt, ist nicht tapfer, sondern gleicht einem wilden Tier.[3] Hiernach ist die Tapferkeit nicht furchtlos, sondern besteht in einer wissenden Bewältigung des zu Fürchtenden. Und entsprechend richtet sich die Tapferkeit genauso sehr auf einen bestimmten Gegenstand, wie die Furcht sich auf einen bestimmten Gegenstand richtet. Darum lässt sich die Furcht durch Tapferkeit überwinden. Wer den zu fürchtenden Gegenstand kennt, kann erwägen, wie er zu bekämpfen sei, und das dann tapfer angehen. Solch sachbezogener Blick begründet einen vernünftig geführten Krieg.

Nikias' Argumentation über die Furcht bildet nicht das Ende des platonischen Dialoges. Der Dialog insgesamt mündet in die sokratische Aporie: das Wesen der Tapferkeit lasse sich auf keine Formel bringen.[4] Aber für sich genommen gehört jene Argumentation zu der Logik des Krieges. Sie erlaubt es, rationale und irrationale Kriege zu unterscheiden: im Blick auf die Sachbestimmtheit der Furcht. So etwas geschieht ja auch in unserer Gegenwart. Ob es seitens Europas rational oder irrational sei, Russland zu fürchten – oder ob es seitens Russlands rational oder irrational sei, eine Einkreisung durch die Staaten des Nordatlantikpaktes zu fürchten: das wird diskutiert. Es setzt an der gegenstandsbezogenen Furcht an.

Indessen kann diese Argumentation nicht auf die Angst angewandt werden, die am Grund des Krieges liegt. Denn die Vernichtungsangst des Selbsterhaltungsstrebens ist von ganz anderer Art. Statt sich – wie die Furcht – auf etwas Bestimmtes zu richten, bezieht sie sich auf etwas Unbestimmtes. Schließlich bildet die Vernichtung des Selbst keinen bestimmten Gegenstand: sie ist ja nicht etwas, sondern nichts. Darum heißt die Vernichtungsangst mit Recht eine Angst. In ihr richtet sich die Subjektivität auf nichts. Entsprechend wird hier die vollständige Unbestimmtheit ihrer selbst thematisch, mit der die Identität der nach Selbsterhaltung strebenden Menschen zerginge.

Hiermit ist einiges verbunden. Insgesamt gehört die Angst in den Umkreis eines anderen Weltverhältnisses als dem des Platon. Die Welt der Alten war ein Kosmos: eine Ordnung unter dem Gesichtspunkt des Guten.[5] Unter dieser Voraussetzung ließ sich ein ängstliches Weltverhältnis überhaupt nicht eingehen. Im Kosmos wies alles Bestimmtheit auf: durch seinen Platz in der «schönsten und besten»[6] Ordnung. Daher konnte man sich vor bestimmten Dingen und Situationen fürchten – doch vor etwas Unbestimmtem ängstigen konnte man sich nicht. Diese Welt wurde durch das Christentum erschüttert. Zwar behielt es den Gedanken der guten Weltordnung bei: «Und Gott sah an alles, was er gemacht hatte, und siehe, es war sehr gut.»[7] Wie anders aber klang die frohe Botschaft: «In der Welt habt ihr Angst, aber seid getrost, ich habe die Welt überwunden».[8] In ihr geriet die Welt überhaupt zum Raum der Angst, ganz unbestimmt, mit welchen Dingen die Menschen es zu tun haben. Nicht dies oder das, sondern alles insgesamt ängstigte. Darum musste es auch insgesamt überwunden werden: unabhängig von seiner einzelnen Bestimmung. Hier eröffnete das neue Weltverhältnis die Unbestimmtheit des Angstbezuges – und damit erst das Eigene der Angst.

Bewältigt wurde es durch den Sprung in den Glauben. Zwar würde man sich auch nach ihm vor einzelnen Dingen fürchten können. Aber Angst hätte man keine mehr. Allein, einmal sichtbar geworden, musste sich die Unbestimmtheit der Angst auch außerhalb von Glaubensfragen geltend machen. Und dann war sie durch keine gute Botschaft mehr zu bewältigen. Mit dem Ende der klassischen deutschen Philosophie trat das ausdrücklich in den Vordergrund. Nun entdeckte man den Kern der ängstigenden Unbestimmtheit: die Bedrohung, dass man seiner selbst als vernünftiges Wesen nicht mehr Herr ist.[9] Dieser Bedrohung ging Schelling nach, und Kierkegaard brachte sie ins Bild. Seine Worte: «Die Angst [ist] der Schwindel der Freiheit, der aufsteigt, wenn [...] die Freiheit herunterschaut in ihre eigene Möglichkeit und dabei die Endlichkeit ergreift, um sich daran zu halten. In diesem Schwindel sinkt die Freiheit um.»[10] Was vermittelt dieses Bild?

Freiheit kennzeichnet das selbstbestimmte Menschsein. Schließlich ist das, was sich selbst bestimmt, sein eigener Herr: frei. Freiheit vollziehen wiederum bedeutet: das selbstbestimmte Menschsein bestimmt sich zu einer seiner Möglichkeiten. Nur in der Verwirklichung einer seiner Möglichkeiten verwirklicht es ja seine Freiheit. Hiermit geht wiederum etwas Zweites einher: in seiner freien Verwirklichung entscheidet sich das selbstbestimmte Menschsein gegen seine anderen Möglichkeiten. In diesem Sinne «ergreift die Freiheit die Endlichkeit», wie Kierkegaard schreibt: aus den unendlichen Möglichkeiten freier Selbstbestimmung bindet sich das Menschsein an eine einzige. Aber wenn die Selbstbestimmung sich an eine einzige Möglichkeit bindet, um sich zu verwirklichen, dann verliert sie zugleich ihre Freiheit. Sie hat sich festgebunden. Entsprechend schlägt sie in Unfreiheit um. Vor diesem Umschlag schwindelt der Selbstbestimmung. Und in diesem Sachverhalt besteht die Angst des freien Menschseins: seine Verendlichung, ohne die es keine Wirklichkeit erlangt, als einen Freiheitsverlust, als Notwendigkeit zu erfahren – und also fremdbestimmt zu sein.

Hiernach heißt Angst: mit der Unbestimmtheit des Möglichen nicht umgehen können. Am verfänglichsten hat Heidegger diesen Sachverhalt geschildert.[11] Auch bei ihm geht es um den Umgang mit Möglichkeiten. In der Welt zu sein bedeutet für Heidegger: mit Möglichkeiten umzugehen. Angst und Furcht lassen sich nun so unterscheiden, dass diese es mit bestimmten Möglichkeiten zu tun hat, jene aber mit den Möglichkeiten überhaupt. Hieraus folgt: die Angst betrifft das In-der-Welt-sein selber. Allerdings lässt die Angst dadurch auch das In-der-Welt-sein erst insgesamt thematisch werden – und macht so den Tatbestand klar, dass wir uns in unseren Möglichkeiten bestimmen müssen. Von der Angst aus seinem Dahinleben – dem «Man»[12] – herausgerissen, kann das In-der-Welt-sein erfahren, dass es darum geht, die eigenen Möglichkeiten zu ergreifen.

Das aber erfolgt zuletzt im Vorlaufen zum Tod. Denn: «Der Tod ist *eigenste* Möglichkeit des Daseins» – man kann ihn an niemand anderen abtreten. Nun bedeutet der Tod die Möglichkeit dessen, dass das In-der-Welt-sein nicht mehr mit Möglichkeiten umgehen kann. Darum ist der Tod die Möglichkeit der Unmöglichkeit, noch in der Welt zu sein. Und entsprechend bildet er keinen bestimmten Gegenstand. Stattdessen bildet er die völlig unbestimmte Möglichkeit des Daseins, nicht mehr da zu sein. Auf diese Weise begleitet seine Möglichkeit das Dasein als ständige Bedrohung. Es ist ein «Sein zum Tode». Heideggers Satz «Das Sein zum Tode ist wesenhaft Angst»[13] fasst diesen Sachverhalt zusammen. Denn die Angst ist der Modus, in dem die Unbestimmtheit des In-der-Welt-seins thematisch wird. Und die vollendete Thematisierung dieser Unbestimmtheit ist das Vorlaufen zum Tod. Das Ergebnis: Kierkegaards Schwindel wird als Angst des Seins zum Tode ausformuliert.

Indessen schweigen Kierkegaard und Heidegger über den geheimen Kern ihrer Darlegungen. Er ist ihnen nicht bewusst. Es handelt sich um nichts anderes als das Konzept «Selbsterhaltung». Denn das Vorlaufen zum Tode und der Schwindel – sie stellen die Selbsterhaltung des Daseins, das sich in seinen Möglichkeiten ergreifen soll, in Frage. Darum plaudern Kierkegaard und Heidegger zugleich das Geheimnis der Selbsterhaltung aus: dass sie sich aus der unbestimmten, dauerhaften Bedrohung des Todes bestimmt.[14] Anders gesagt: dass sie «wesenhaft» Angst ist. In unseren Worten: dass sie von Vernichtungsangst getrieben wird. Die Verwandlung der antiken Furchtdiskussion mittels des Christentums in eine Angstdiskussion mündet so in die Entlarvung des Grundprinzips des modernen Denkens.

Indem der Krieg der Selbsterhaltung entspringt, entspringt er dieser Vernichtungsangst. Die sich selbsterhaltenden Menschen leben aus ihr. Im Krieg laufen sie in der Tat – wie Heidegger formuliert – dem Tode zu. Dieses Vorlaufen aber ist zweischneidig. Einerseits verleiht es den Menschen eine besondere Gewichtigkeit.

Wenn sie im Krieg ein «Sein zum Tode» leben, halten sie sich für «eigentlich». Das passt mit der angeblichen Erschütterung der bürgerlichen Institutionen zusammen, die der Krieg als inneres Erlebnis gewähren soll. Aber zugleich beschränken sie diesen Vorlauf auf den Tod des natürlichen Lebens. Das Ende ihres Selbstseins im vollen Sinn – in dem Sinn eines ‹Was› statt eines ‹Dass› – beziehen sie nicht auf den Krieg. Im Gegenteil – um es abzuwehren, errichten sie die Institutionen ihrer Selbsterhaltung. Und der Krieg ist eine dieser Einrichtungen. Entsprechend dient er der Abwehr des eigenen Todes: sofern er nicht den Tod des Dass-seins darstellt, sondern den Tod des Was-seins. Also den Tod dessen, was den Inhalt der Selbsterhaltung ausmacht: die eigene Identität. Darum erfolgt sogar der Einsatz des eigenen Lebens im Blick auf die Abwehr des eigenen Todes, er bildet ein verdrehtes Instrument der Selbsterhaltung.

Auf diesem Weg wendet der Krieg die eigene Vernichtungsangst in die Vernichtung anderer um. Man glaubt, in der kriegerischen Selbstbehauptung das Vorlaufen zum Tode bewältigen zu können, indem man es praktisch vollzieht: im eigenen Selbsteinsatz und in der Tötung anderen Lebens. Hieraus erklären sich die Dämonisierung wie die Schrumpfung des Feindes. Indem sich in ihm die Selbsterhaltungsbedrohung verkörpert, muss der Feind als besonders unheimlich *und* besonders läppisch erscheinen. Als besonders unheimlich, weil er zum Unbestimmten des Angstthemas gehört. Zwar scheint der Feind das Unbestimmte der Angst in bestimmte Furcht zu verwandeln. Doch tatsächlich bietet er den Anlass dafür, dass die Vernichtungsangst sich regt. Erst dann, wenn diese schwindet, lässt sich ein Frieden mit dem Feind in Aussicht nehmen. Als besonders läppisch wiederum, weil seine Kräfte nicht zu groß werden dürfen. Sie würden sonst das Selbst in seinen Möglichkeiten in Frage stellen – und also die Angst in konkrete Furcht verwandeln. Darum erscheint der Feind zugleich als die unheimlichste Bedrohung der eigenen Selbsterhaltung wie als nichtig. Putin ist allmächtig und hilfloser Idiot.

Hinter alledem lauert noch ein weiterer Horizont. Es geht um nicht weniger als die Lehre vom Seienden als solchem – also um Metaphysik. Nach seiner Hermeneutik des Daseins machte Heidegger klar: Angst vor dem Nichts ist die Stimmung der Metaphysik.[15] Hierzu griff er auf Aristoteles selbst zurück. Denn seit dessen gleichnamiger Schrift lautet das Thema der Metaphysik: das Seiende als Seiendes.[16] Das bedeutet: keine besondere Klasse des Seienden – etwa das natürliche, gesellschaftliche, mathematische Seiende – bildet das Thema, sondern eben das Seiende als solches. Heidegger argumentierte nun: erst die Angst vor dem Nichts lässt das Seiende statt in einer besonderen Form als Seiendes thematisch werden. Denn erst vom Nichts her wird das Seiende als solches eröffnet.

Das klingt plausibel. Aber es ist verkürzt. Denn das Seiende als solches lässt sich nicht nur im Kontrast zum Nichts eröffnen. Es lässt sich auch im Kontrast zum Noch-nicht eröffnen. Heidegger, der immerhin ein Buch namens *Sein und Zeit* schrieb, vergaß das Kommende. Damit ist viel verbunden. Wenn man das Seiende als Seiendes im Kontrast zum Nichts erschließt, dann gelangt man notwendig zu der Vernichtungsangst des Seienden, das sich zu seinem Sein verhält – also zu der Vernichtungsangst unseres Daseins in der Welt. Wenn man hingegen das Seiende als Seiendes im Kontrast zum Noch-nicht erschließt, dann gelangt man statt zur Vernichtungsangst des Daseins zu einer Ausrichtung auf das, was noch nicht ist. Mit anderen Worten: man gelangt zur Utopie.[17] Hier schwindet die Angst, in die uns ein angebliches Nichts versetzt. An ihre Stelle tritt die Vorwegnahme: die Hoffnung auf das Noch-nicht, von dem her das Seiende als solches seine Bestimmtheit gewönne.

Diese Alternative betrifft den Krieg. Ersichtlich wäre mit der Hoffnung auch die Vernichtungsangst überwunden. Man darf daher sagen: der Krieg als Selbsterhaltungsinstitution beruht auf dem metaphysischen Grund «Angst». Seine Überwindung hingegen wäre verbunden mit dem metaphysischen Grund «Hoffnung».

VIII. Religion

Viele Kriege sind religiös aufgeladen: nicht nur vor uralten Zeiten, sondern auch in der Moderne. Unser Völkerrecht entstand aus der Bewältigungsnot von Konfessionskriegen. Und bis in die Gegenwart spielt bei Krieg und Frieden das Religionsverhältnis mit. Hierbei lässt es sich keineswegs auf jene Formen beschränken, die von der Aufklärung «positive Religion» und «natürliche Religion» genannt wurden: Institutionen und Offenbarungslehren einerseits, universale Überzeugungen vom Göttlichen mit entsprechenden Lebensweisen anderseits.[1] Vielleicht wichtiger noch beinhaltet es religiöse Grundzüge unserer Gesellschaft im Ganzen. Sie stellen im Krieg Verfahren zur Integration und Identifikation der Menschen bereit.

In diesem Zusammenhang gewinnt eine Debatte Bedeutung, die vor einigen Jahren geführt wurde. Sie betraf die Verknüpfung von Monotheismus und Gewalt. Ihren Ausgangspunkt bildeten Überlegungen des Ägyptologen Assmann. Sie führten die Figur einer «mosaischen Unterscheidung» ein und suchten mit ihr die besondere Gewalt der Monotheismen zu erklären.[2] Die mosaische Unterscheidung besagt: zu trennen sei zwischen wahrer und falscher Religion. Sie verschiebt also den Blick von der Tradition, der Gemeinschaft, der Sinngebung auf die – doch eigentlich philosophische – Frage nach wahr und falsch. Dieser Blickwechsel kennzeichnete den Bruch, den der Monotheismus bedeutete. In vielen Polytheismen ließen sich die Götter der einen Religion in die Götter der anderen Religion übersetzen: Venus war Aphrodite, war Ištar. Hier galt die andere Religion nicht als falsch. Vielmehr bedeutete sie dasselbe, oder zumindest Ähnliches, in einem anderen Sinn. Damit hat der Monotheismus aufgeräumt. Jetzt hängt alles an der Differenz der mosaischen Unterscheidung.

Mit ihr entstand auch eine besondere Gewaltform: Gewalt im Namen Gottes. Zwar gehört sie keineswegs notwendig zu monotheistischen Religionen. Vielmehr bildet sie eine Möglichkeit, deren Verwirklichung eintreten kann, nicht muss. Aber der Monotheismus besitzt eine Neigung zu ihr. Denn indem er zwischen wahrer und falscher Religion unterscheidet, beinhaltet er die Unvereinbarkeit der einen mit der anderen: das Wahre schließt das Falsche aus. Und wenn dieser Ausschluss Menschen verschiedener Religion betrifft, dann birgt er die Tendenz, denen, die sich der falschen Religion zuwenden, mit Gewalt zu begegnen. Laut Assmann wirft sich diese Gewalt zunächst auf die Ketzer einer monotheistischen Religion. Doch klar ist: sie kann sich gegen alle Andersreligiösen richten – sei's aus den eigenen, sei's aus anderen Reihen.

Wie der Name «mosaische Unterscheidung» sagt, steht für diese Religionsform der Bund, den Gott mit Israel auf dem Sinai schloss. Dieser Bund stellte Israel – als Gottes Volk – vor die Entscheidung: für oder gegen ihn. Im zweiten Buch Mose lesen wir: «Werdet ihr nun meiner Stimme gehorchen und meinen Bund halten, so sollt ihr mein Eigentum sein vor allen Völkern; denn die ganze Erde ist mein. Und ihr sollt mir ein Königreich von Priestern und ein heiliges Volk sein.»[3] Hiernach beinhaltet der Bund mit dem wahren Gott zweierlei: Gehorsam und Heiligung. Die Heiligung leistet Gott, den Gehorsam leisten die Menschen. Entsprechend zieht die Unterscheidung zwischen wahrer und falscher Religion auch eine Entscheidung nach sich: die Entscheidung der Menschen, sich an Gott zu halten. Sie betrifft Zugehörigkeit und Grenzziehung hinsichtlich wahrer und falscher Religion: Treue gegen Abfallen. Ohne das gibt es keine Heiligung.

Auf diese Weise geht der Religionstyp «Monotheismus» – er ist nicht aufs Judentum beschränkt – mit der Abwertung der anderen Religionen einher. Assmann nennt ihn deshalb eine Gegenreligion.[4] Das soll sagen: der Monotheismus ist eine Religion, die durch das «Gegen» ihrer Grenzziehung bestimmt ist. Dieses «Gegen» gehört zum monotheistischen Wahrheitsanspruch. Bezeugt wird er im Bilderverbot und seinem Schatten, der Bilderstürmerei. Beides verfolgte die überkommene Götterwelt – und suchte sie gewaltsam auszulöschen. Entsprechend eignet dem Monotheismus ein Entweder-Oder, während die heidnischen, bilderreichen Religionen ein Sowohl-Als-auch kannten. Weil deren Gottheiten sich ineinander übersetzen ließen, musste man sich ja nicht für sie entscheiden. Gewiss, auch die Polytheismen kannten – und kennen – mannigfache Gewalt. Aber ihre Gewalt war nicht religiösen Ursprungs, sondern entstammte politisch-gesellschaftlichen Bedingungen. Soweit Assmann.

Ersichtlich betreffen diese Überlegungen auch die religiöse Einfärbung des Krieges. Monotheistisch geprägt, könnte sie dessen politisch-gesellschaftlichen Bedingungen noch einen weiteren, eigensinnigen Gewaltfaktor beifügen. Zu den Begründungskomplexen «Recht», «Macht», «Befreiung» und den Konstitutionskomplexen «Heroismus», «Institution», «Angst» träte das Entweder-Oder der wahren Religion: mit seiner Neigung zur Unvereinbarkeit, Abwertung, Unterdrückung der anderen. Kriege in monotheistischen Zusammenhängen besäßen folglich eine ausgebautere Gewaltgrammatik. Hier wäre Religion keine Zutat, sondern Konstituente.

Das könnte unsere Lage betreffen. Immerhin wird sie seit einiger Zeit als «postsäkular» bestimmt. Wir haben also wieder einen «Posty» vor uns. Worauf zielt er? Auf eine Positionsveränderung der Religion in der bürgerlichen Gesellschaft. Sie besteht darin, dass die Herrschaft der säkularen Wissenschaft, des säkularen Rechts und der säkularen Kunst vorbei ist und einer Rückkehr der Religion Platz gemacht hat.[5] Zwar gab es auch in der säkularen

Gesellschaft immer Religion. Aber sie bildete nicht die Richtschnur des wissenschaftlichen Denkens, der staatlichen Verfassung oder der künstlerischen Produktion. Eher war sie eine «Privatschrulle»:[6] Sache der Einzelnen oder Angelegenheit besonderer Sphären. Ansonsten schrumpfte die Religion auf Sinngebung oder Entlastung zusammen.

So machte sie sich etwa als Mittel zur Überhöhung des säkularen Denkens geltend. Einst sprach die scholastische Lehre von *praeambula fidei*: Voraussetzungen der Glaubensartikel aus reiner Vernunft.[7] In der säkularen Gesellschaft drehte man das gewissermaßen um. Wo der Glaube noch von allgemeinem Belang war, geriet er zur feierlichen Präambel ihrer rationalen Verfassung: in Staat, Recht oder Wissenschaft. Vor allem aber erfüllte die Religion die Aufgabe sogenannter «Kontingenzbewältigung».[8] Mit diesem Konzept war gemeint: die komplexen Gesellschaften der Moderne überfordern die Menschen, sodass sie sich in eine unüberschaubare Kontingenz verwickelt sehen. Hier bieten Religionen Halt und Perspektive. Entsprechend sind sie innerhalb der säkularen Gesellschaft funktional – und darum zu bewahren. Solche Funktionalität lässt sich dann auf mannigfache Weise ausbuchstabieren: von der Zivilreligion der Verfassungsstaaten – Fahnen, Rituale, heilige Texte – bis zur Theologie als Orientierungswissenschaft.[9]

Über solche Präambeln und Funktionen der Religion geht die postsäkulare Gesellschaft hinaus. Denn sie lebt aus der Erfahrung, dass die säkulare Selbstbestimmung selber so problematisch geworden ist wie dieser einmal die göttliche Ordnung der Vormoderne. Entsprechend zergehen auch die Funktionen innerhalb der säkularen Gesellschaft, die die Religion übernommen hatte. Allerdings ist der Begriff «postsäkulare Gesellschaft» wörtlich zu nehmen. Er bedeutet: man denkt, handelt, fühlt *nach* der Säkularisierung. Das heißt: die säkulare Rationalität bleibt der Abstoßpunkt des Postsäkularen. Von ihm her muss die postsäkulare Religion verstanden werden. Daher bildet sie nichts Rückständiges, Regressives oder Unzeitgemäßes. Es verhält sich gerade umgekehrt: die postsäkulare Religion ist die zeitgemäße Religion. Denn sie reagiert auf die Probleme des Säkularen, die dessen Entzauberung der Welt nach sich gezogen haben – und sich säkular nicht mehr lösen lassen.

Allerdings bleibt die Diagnose eines postsäkularen Zeitalters eine bloße Diagnose. Einen Grund der Postsäkularisierung gibt sie nicht an. Worin besteht er? Zur Antwort führt uns ein Konzept Michel Foucaults. Es begegnete uns bereits kurz im Zusammenhang der Selbsterhaltung: die Sorge um sich (*la souci de soi*).[10] Mit diesem Konzept verarbeitete Foucault den «Erdrutsch» der siebziger Jahre, der nach dem «Goldenen Zeitalter» der Nachkriegszeit einsetzte.[11] Damals zerfielen die Hoffnungen auf eine Überwindung des Kapitalismus; gleichzeitig erfasste dieser die ganze Welt. Entsprechend schien es kein Außerhalb der bürgerlichen Gesellschaft mehr geben zu können. Und das bedeutete: Freiheit ließ sich nicht mehr über eine gesellschaftliche Umwälzung verwirklichen. In dieser Situation erschloss Foucault hellenistische Formen der Lebenskunst: die «spirituellen Übungen» der platonischen, stoischen, epikureischen und skeptischen Schulen. Im Blick auf sie gewann er die Idee, durch Selbstsorge in kleinerem Miteinander ein freies Leben führen zu lernen. Die Überwindung des Imperiums wie die Flucht aus ihm – gegensätzliche Träume der Sechziger – wurden hingegen aufgegeben.

Hiermit legte man den Abschied von Machtverhältnissen insgesamt zu den Akten. Denn die Sorge um sich gehört zum allgemeinen Machtspiel: als ein Bündel eigensinniger Züge in diesem Spiel. Sie derart ziehen zu lernen, dass sie inmitten aller Widerfahrnisse ein selbstbestimmtes Leben gestalten, ist das Versprechen der Selbstsorge. Daher bestehen Freiheitsmöglichkeiten nunmehr in der Arbeit an der eigenen Identität. Hier gewann das Prinzip «Selbsterhaltung» eine neue Variante. Während es in der klassischen bürgerlichen Philosophie auf das autonome Subjekt mit seinen Rechten und seiner Macht gezielt hatte, leitete es jetzt selbstbildende Praktiken inmitten unhintergehbarer Machtspiele an. Und das heißt: Identitätspolitik wurde bestimmend – und ist es seither geblieben: links, mittig, rechts.

Nun entwickelte Foucault gegen Ende seines kurzen Lebens eine eigentümliche Faszination für die iranische Revolution. Insbesondere hatten es ihm deren religiöse Züge angetan. Foucault brachte sie unter den Titel einer politischen Spiritualität.[12] Sein Gedanke: solche Spiritualität ermögliche es den Menschen, Nein zu sagen, sich mit ihren bloßen Händen gegen Herrschaftsapparate zu wehren, kurz, ihre eigene Subjektivität ins Spiel zu bringen, aufs Spiel zu setzen und damit die Karten neu zu mischen. Wichtig ist, dass Foucault keineswegs die Statthalterschaft des Rechtsgelehrten rechtfertigt, die der politische Islam installierte. Stattdessen schaute er auf den Eigensinn des Subjektiven: in Gestalt politischer Spiritualität. Das war ein entscheidender Anstoß für seine Wendung zur Selbstsorge. Denn die politische Spiritualität in Teheran 1979 schien zu zeigen, dass die Machtspiele sich durch die Spielzüge der Subjekte durcheinanderbringen lassen. Das ließ sich im Rückgriff auf die Spätantike dann in eine andere Richtung ausbauen, verbleibt aber sachlich stets in jenem Horizont. Entsprechend lässt sich folgern: das Konzept «Sorge um sich» verwandelt nicht nur das antike Thema der spirituellen Übungen. Es besitzt auch eine spirituell-religiöse Dimension, die als solche politisch wird.

Mit ihr haben wir das Geheimnis der postsäkularen Gesellschaft offenliegen. Es ist die aus dem gebrochenen Fortschrittsversprechen der bürgerlichen Gesellschaft entstandene Identitätssorge, die eine Eigentendenz zum Religiösen besitzt. In dieser Tendenz spannt sie ihre politische Reichweite erst auf: als politische Spiritualität. Entsprechend besitzt die Positionsveränderung der Religion ihren Grund in einem neuen Subjektivitätsverständnis. Sie entspringt einer bürgerlichen Gesellschaft, die sich gegen ihre Selbstüberwindung verhärtet hat und darum Subjektbildung nur noch als Identitätspolitik kennt: von Einzelnen, Gruppen und

Völkern. Entsprechend weist die postsäkulare Gesellschaft auch eine postsäkulare Religion auf: eine identitäre Religion.

Wohl nicht zuletzt ihretwegen wird die monotheistische Gewalt heute zum Thema. Sie betrifft keineswegs bloß Moses den Ägypter – sie betrifft vor allem unsere postsäkulare Gegenwart. Denn in ihr kann auch die Gewalt eine postsäkulare Gestalt annehmen. Sie erfolgt dann aus jener politischen Spiritualität, die mit der Sorge um sich einhergeht. Und das betrifft den Krieg. Auch seine Gewalt wird postsäkular. Ein postsäkularer Krieg erweist sich als mehr denn nur durch Recht, große Mächte, Befreiung bestimmt. Er lebt auch aus jener identitären Religion, die in der politischen Spiritualität der Selbstsorge gründet: unter der Bedingung einer abgeschlossenen Gesellschaft. Zwar bleiben die anderen Bestimmungsgründe bestehen. Und auch die funktionalen Seiten der Religion spielen weiterhin ihre Rolle. Aber zu ihnen gesellt sich nun eine postsäkulare Religiosität. Sie tritt nicht akzidentiell hinzu, sondern ist dem postsäkularen Krieg wesentlich. Entsprechend macht sich das Kriegsverhältnis nun selber als religiöses Verhältnis geltend.

In ihm findet die monotheistische Gewalt einen zeitgenössischen Ausdruck. Ihre Unterscheidung in wahr und falsch, in Treue und Abfall, in Entweder-Oder wird unter jener Selbstsorge neu formuliert. Sie wandert über die identitären Religionen in die postsäkularen Kriege ein. Das macht die Bändigung des Krieges noch schwieriger. Denn mit der politischen Spiritualität der Identitätsbildung besitzt er ein Feuer, das über die Forderungen des Rechts, die Faktoren der Macht und die Wünsche der Befreiung hinaus lodert. Es geht ja ums Entweder-Oder, und da sind Zugeständnisse schwer möglich. Ferner können sich mit der postsäkularen Neuformulierung des Krieges auch die überkommenen Religionen sowie die säkularen Zivilreligionen verknüpfen. Sie bringen sich dann in die politische Spiritualität identitärer Religionen ein, wie sie umgekehrt diese zu ihrer eigenen Belebung einbauen. Im postsäkularen Krieg verwirrt sich das zum monotheistischen Gewaltbündel. Es bildet die heutige Religion des Krieges.

Allerdings dürfte hiermit kaum das letzte Wort zum Monotheismus gesprochen sein. Auffällig an Assmanns Denkfigur ist ein blinder Fleck. Man erinnere sich: der Auszug aus Ägypten war der Auszug aus dem «Haus der Knechtschaft»[13] – er war die Befreiung von Unterdrückten. Sie rückt bei Assmann in die zweite Linie. In die erste Linie stellt er die Bindung an das Gesetz. Denn der Dekalog sei das Zentrum des Exodus: mit seinem ersten Gebot «Du sollst keine anderen Götter haben neben mir».[14] Und tatsächlich scheint es hier ja nicht um Freiheit zu gehen, sondern um Gehorsam und die Unterscheidung zwischen wahrer und falscher Religion. Beides setzte die monotheistische Gewalt ein: Gewalt in Gottes Namen. Vor deren Wucht wird die Befreiung nachrangig.

Aber diese Sicht schielt. Denn der Dekalog beginnt nicht mit dem ersten Gebot. Vielmehr beginnt er so: «Ich bin der HERR, dein Gott, der ich dich aus Ägyptenland, aus der Knechtschaft, geführt habe.»[15] Erst nach diesem Satz folgen die Gebote. Deshalb müssen sie alle in seinem Licht gelesen werden. Dieses Licht aber ist das Licht der Befreiung aus der Knechtschaft. Folglich sind auch die zehn Gebote zehn Gebote der Befreiung. Sie gehen nicht auf die Unterscheidung, Abwertung und Misshandlung der Andersgläubigen. Sie gehen auf die Bildung eines freien Volkes. Dieses soll keine anderen Götter als den Gott des Bundes haben, weil es sich sonst wieder in das Haus der Knechtschaft begäbe. Und es soll sich kein Bildnis machen von Gott, weil es sonst dessen unfassbare Verheißung «ich werde bei euch sein, der ich bei euch sein werde»[16] fassbar machte – und also den Freiheitsauszug zu einer festen Sache. Zwar mag dieser Sinn des Dekaloges in der Geschichte des Monotheismus verschüttet worden sein. Aber das ist eine religionsgeschichtliche Frage, keine sachliche.

Festzuhalten bleibt jedenfalls: diese Sachbestimmtheit des Exodus blieb keine abstrakte Angelegenheit. Vielmehr entfaltete sie sich in seiner Auslegungsgeschichte mit konkreten Folgen. Denn der Exodus wurde zum Vorbild neuzeitlicher Revolutionen.[17] Und das zeigt: im Kern geht es hier statt um interreligiöse Gewalt um den revolutionären Kampf. Legt man das frei, dann bildet der Monotheismus keine Religion des Krieges mehr. Stattdessen spricht er von der Transzendenz der Freiheit und ihrem Kampf. Und entsprechend richtet er sich nur zweitrangig gegen andere Religionen. Erstrangig richtet er sich gegen das Haus der Knechtschaft. Nur von hierher gewinnt die monotheistische Gewalt ihre volle Bestimmtheit. Geleugnet werden darf sie nicht. Darum bleibt sie ein Problem. Aber zugleich ist klar: die monotheistische Gewalt stellt keine Kriegsgewalt dar. Sie ist Revolutionsgewalt. Israel, das Volk der Knechte, besaß ja keine Streitmacht. Eine Streitmacht besaß nur Ägypten. Als es sie gegen die ausziehenden Knechte einsetzte, ging sie im Roten Meer unter – durch Gottes Wirken, nicht durch Israels. So wurde hier kein Krieg geführt.

All das zeigt, wie wenig die monotheistische Gewalt sich auf die gängige religiöse Gewalt zurückbringen lässt. Sie besitzt einen Eigensinn, der sie vielleicht nicht rechtfertigt, aber aus dem Schuldzusammenhang gewalttätiger Religionen heraushołt. Schließlich hatte Israel statt einer Armee nur Gott – den Gott der Befreiung, den Gott der Revolution.

X. Militarismus

Ein berühmter Satz des General Clausewitz lautet, der Krieg sei nichts als die Fortsetzung des politischen Verkehrs mit Einmischung anderer Mittel.[1] Im Blick auf ihn lassen sich zwei Grundverständnisse von Militarismus unterscheiden.

Das erste Verständnis sagt: Militarismus besteht in der Umkehrung des Satzes. Das heißt: wenn nicht der Krieg die Fortsetzung der Politik, sondern die Politik die Fortsetzung des Krieges bildet, dann herrscht ein militaristisches Verhältnis. Dieses Verständnis bestimmt die Militarismuskritik des Konservativismus und des Hauptstromes im Liberalismus. (Ja, auch der Konservativismus kennt eine Kritik des Militarismus, so sehr er das manchmal vergessen lässt.) Ein klassisches Zeugnis ist die mehrbändige Darstellung des deutschen Militarismus durch Gerhard Ritter. Erschienen nach zwei Weltkriegen und zur Zeit der westdeutschen Wiederbewaffnung, arbeitete sie das Vergangene durch: um die guten Geister des – zumal preußischen – Militärs gegen dessen totales Zerstörungswerk wieder ins Leben zu rufen. Titel der Darstellung: Staatskunst und Kriegshandwerk. Ihre ersten Sätze: «Dieses Buch ist eine Frucht seelischer und geistiger Erschütterungen des Zweiten Weltkriegs. Die Frage, ob und wie sich die Dämonie einer hemmungslos entfesselten Kriegstechnik bändigen lasse durch echte Staatsvernunft, ist noch keiner Generation zu einem so tief aufwühlenden Lebensproblem geworden wie der unsern.»[2]

Der Titel spricht bereits die Grundthese aus. Das kriegerische Tun ist ein Handwerk: es dient der Umsetzung von Zielen. Diese Ziele sind Sache der Politik. Als Staatskunst erwägt und entscheidet sie sie sowie die Mittel ihrer Umsetzung. Der Krieg ist eines ihrer Mittel. Hier haben wir also wieder den Eingangssatz vom Krieg als Fortsetzung der Politik mit anderen Mitteln. Allerdings lässt jener Satz die Zweideutigkeit der Politik außer Acht. In sie legt Ritter den Finger. Behandelt hatte er sie bereits in einem anderen Buch: über die Dämonie der Macht.[3] Dämonen – das waren Mittelwesen zwischen Gott, Teufel und Mensch. Auf diese Zwiespältigkeit spielt die Wendung «Dämonie der Macht» an. Ihr zufolge besitzt die Politik – von Ritter stets auf die Staatsmacht bezogen – eine gegenläufige Bestimmtheit. Sie besteht aus Machtkampf und Ordnungsstiftung. Mit ihrer ersten Seite neigt sie sich dem Krieg zu, mit ihrer zweiten Seite Frieden und Recht.[4] Entsprechend bilden Staatskunst und Kriegshandwerk kein klares Verhältnis. Vielmehr birgt die Politik in sich bereits die Gefahr, dass das Kriegshandwerk die Überhand gewinnt und die Ordnungsstiftung zerstört. Prinzipiell gelangt man aus dieser Gefahr nie heraus. Nur situativ lässt sie sich bewältigen.

Aus diesem Grund nennt Ritter die Politik eine Staats*kunst*. Die politische Erwägung und Entscheidung muss den Machtkampf, der auch den Krieg als ein Mittel verwendet, so führen, dass er den Zweck der Ordnungsstiftung nie vergisst: in konkreten Lagen, die sich statt durch allgemeine Handlungsanweisungen nur durch individuelles Können bewältigen lassen. Hier nimmt die Politik beide ihrer Seiten ernst, stellt keine still. Aber gerade weil sie beide Seiten ernst nimmt, kann sie sich von ihrer ersten Seite dazu hinreißen lassen, dem Machtkampf als Krieg die Oberhand zu geben. Letzter Bezugspunkt in der Dämonie der Macht bleibt nur das Gewissen der Regierung. Militarismus bedeutet hiernach die Überwältigung gewissenhafter Staatskunst durch den Krieg. Militaristisch wird der Krieg vom Mittel zum Zweck, weil der politische Machtkampf die politische Ordnungsstiftung vergisst.

Ganz anders das zweite Verständnis vom Militarismus. Statt in der Umkehrung des Satzes «Krieg ist die Fortsetzung der Politik mit anderen Mitteln» findet sie ihn in dem Satz selbst. Das ist das Militarismuskonzept des Linksliberalismus und des Marxismus. Diese Position bildet – nicht erst heute – eine Außenseiterposition. Ihre Grundlage besteht in dem Gegensatz zwischen zivil und militärisch. Von ihm aus versteht sie das Politische als den zivilen Bereich. Und entsprechend sieht sie in jeder Verknüpfung von Politik und Krieg bereits eine militärische Überformung des Politischen vollzogen. Das bedeutet nicht, dass diese Position das Politische als durch und durch gewaltfrei versteht. Aber es bedeutet, dass hier die politische Gewalt, erstens, nur in besonderen Situationen aufritt, und dass sie, zweitens, niemals militärisch verfasst sein darf. Statt einer allgemeinen Dämonie der Macht das Wort zu reden vertritt sie deren Zivilisierung.

Ersichtlich steht dieses Konzept unter einer neuen Voraussetzung. Die allgemeine Voraussetzung der konservativ-liberalen Perspektive auf den Militarismus ist klar. Sie geht von der Verträglichkeit menschlicher Gesellschaft mit der Institution des Krieges aus. Nur darum kann der Krieg zu einem – eingehegten – Mittel der Regierungspolitik werden. Anders die linksliberal-marxistische Position. Sie geht davon aus, dass die menschliche Gesellschaft durch den Krieg als Mittel ihrer Politik beschädigt wird. Darum darf der Krieg niemals zu einem Mittel der Regierungspolitik werden. Das ist eine ganz andere Voraussetzung.

Im Blick auf diese Voraussetzung scheidet sich nun die zweite Position selber in zwei Flügel. Ihre Trennlinie verläuft zwischen unterschiedlichen Verständnissen der gegenwärtigen menschlichen Gesellschaft: der bürgerlichen Gesellschaft. Der erste, liberale Flügel geht davon aus, dass die bürgerliche Gesellschaft durch den Krieg beschädigt wird und darum den Krieg auszuschließen hat. Der zweite, marxistische Flügel hingegen vertritt die Auffassung, dass die bürgerliche Gesellschaft zwar durch den Krieg beschädigt wird, aber zugleich den Krieg in sich birgt. Ihr zufolge kann die bürgerliche Gesellschaft daher von sich aus den Krieg nicht ausschließen. Stattdessen bildet er ihren unliebsamen Schatten. Deshalb zieht der marxistische Flügel eine andere Konsequenz. Sie besteht statt in einer fortschreitenden Verbesserung der bürgerlichen Gesellschaft in deren Aufhebung.

Soweit die bestimmenden Militarismuskonzepte im Grundriss. Angesichts ihrer müssen wir fragen, wo unser bisheriger Gedankengang steht. Und da ist das Ergebnis eindeutig: der Krieg ist nicht das Andere der bürgerlichen Gesellschaft. Vielmehr bildet er eine ihrer Institutionen, verbindet sich mit ihren Konzepten von Recht, Macht und Befreiung, beruht auf ihrem Prinzip «Selbsterhaltung», wird vollzogen aus ihrer Angst und von ihren Helden, besitzt ein Treibmittel in ihrer postsäkularen Religion. Wir haben also allen Grund, die These von der militaristischen Verfassung der bürgerlichen Gesellschaft ernst zu nehmen. Entsprechend kann uns die These vom Militarismus als Ergebnis einer Dämonie der Macht, die in gewissenhafter Politik zu bewältigen sei, nicht anleiten – genauso wenig wie die These vom Militarismus als Kinderkrankheit einer bürgerlichen Gesellschaft, die in ihren Lernprozessen noch nicht weit genug fortgeschritten sei. So sehr beide Thesen eindrückliche Positionen beziehen, so wenig erfassen sie die Verwicklung unserer Lebensform mit dem Krieg. Vielmehr gilt es, den Krieg als einen notwendigen Schatten der bürgerlichen Gesellschaft zu verstehen.

Auf dem Weg zu diesem Verständnis müssen wir die marxistische Militarismustheorie reflektieren. Grundlegend formuliert wurde sie von Karl Liebknecht und Rosa Luxemburg. Liebknechts Schrift über Militarismus und Antimilitarismus – sie brachte ihm Festungshaft ein – behandelte drei Sachfragen: Militarismus nach außen, Militarismus nach innen und deren allgemeine Gesellschaftsfunktion.[5] Militarismus nach außen – das ist die Ausrichtung der bürgerlichen Gesellschaft auf den äußeren Feind. Militarismus nach innen – das ist die Herrschaftsstützung gegen revolutionäre Kräfte. Hier floss viel Zeithistorisches in Liebknechts Darstellung ein. Aber der Hauptpunkt bleibt klar: es geht um die «Durchtränkung unsres ganzen öffentlichen und privaten Volkslebens mit militaristischem Geiste».[6] Mannigfache Formen einer Militarisierung der Alltagswelt, der Erziehung, der Denkweisen stabilisieren die innere Lage. Im Rückgriff auf Antonio Gramsci können wir das die Sicherung gesellschaftlicher «Hegemonie»[7] durch Militarismus nennen.

Dieser Komplex – er soll uns hier nur in seiner Grundbestimmtheit interessieren – besitzt eine Eigendynamik. Liebknecht betonte, wie sehr der äußere und der innere Militarismus sich verselbständigen. Die Bekämpfung des äußeren Feindes dehnt sich mehr und mehr aus, in Einkreisungen, Bündnissen und Aufrüstung. Und auch die Durchtränkung der Gesellschaft mit militaristischem Geist erfolgt nicht statisch, sondern dynamisch. Auf diese Weise wird der Krieg als Mittel der Politik mehr und mehr zum Selbstzweck.[8] Ähnliches hatte ja auch Ritter geltend gemacht: um daraus die bewusste Unterordnung des Kriegshandwerkes unter eine gewissenhafte Staatskunst zu fordern. Aber nach Liebknechts Beobachtungen ist die Staatskunst selber militarisiert. Denn erstens schwebt die Regierung nicht über der Gesellschaft, sondern gehört zu ihr. Der innere Militarismus militarisiert daher auch die Regierung. Und zweitens bleibt der Krieg als Mittel der Politik nicht auf den Krieg in Aktion beschränkt. Vielmehr umfasst er den gesamten militaristischen Komplex – einen Komplex, der das Regierungshandeln auch außerhalb des erklärten Krieges betrifft.

All das führt uns zu Liebknechts dritter Frage: die allgemeine Gesellschaftsfunktion des Militarismus. Ihr zufolge stellt der Militarismus mehr dar als ein Bündel von Meinungen, Neigungen, Institutionen – er bildet eine eigene Vergesellschaftungsweise. Hierin besteht seine allgemeine Funktion. Mit Blick auf unsere eigene Zeit können wir sie folgendermaßen rekonstruieren.

Gerne versteht sich die bürgerliche Gesellschaft unter den Kategorien «System», «Lebenswelt» und «Zivilgesellschaft».[9] Ihre Systeme – Staat, Recht, Bildung usw. – erbringen funktionale

Leistungen. Ihre Lebenswelt verkörpert das Verständigungshandeln der Menschen. Ihre Zivilgesellschaft schlägt den Bogen von der Lebenswelt zu den Systemen. Angesichts von Liebknechts Gedanken lässt sich nun sagen: alle drei Glieder unterliegen der Militarisierung. Sie versetzt sie in eine neue Tonart. Werfen wir hierzu einen Seitenblick auf den Krieg der «Zeitenwende». Mit seinem Beginn ordneten sich alle Systeme den Kriegszielen unter: vom erhöhten Rüstungshaushalt (Staat) bis zum Stipendienstopp für russische Studierende (Bildung). Sie taten das von sich aus, aus eigener Funktionalität. Gleiches gilt für die Zivilgesellschaft. Ohne äußeren Zwang wurde sie zur Kriegszivilgesellschaft, in der Kriegsbekenntnisse – für oder gegen eine der Parteien – zu einer Voraussetzung des zivilgesellschaftlichen Handelns gerieten. Und auch die Lebenswelt der Menschen veränderte sich. Sie füllte sich mit den Symbolen und Erregungen des Krieges.

Nichts anderes als solche Vorgänge bedeutet der Militarismus in seiner allgemeinen Gesellschaftsfunktion. Militarismus besteht nicht notwendig in Paraden, Kriegsschmuck oder Kasernengebrüll. Er besteht in der Indienstnahme des menschlichen Miteinanders: zu dem Zweck, den Krieg als Fortsetzung der Politik zu führen. Und er besteht darin, mit seiner Indienstnahme das menschliche Miteinander stärker in die Verhältnisse zu integrieren. Beides schlingt sich zu einem Knoten zusammen. Abweichendes Denken, Handeln und Fühlen lässt sich so insgesamt auf Linie bringen – meist ohne Zwang, allein aus einer Einspurung im Sinne des Krieges. Auf diese Weise transponiert der Militarismus die bürgerliche Vergesellschaftung aus den zivilen Formen der Sozialintegration in eine andere Form.

Allerdings beinhaltet die Vergesellschaftungsfunktion des Militarismus noch nicht, dass die bürgerliche Gesellschaft nicht auch ohne ihn auskäme. Man könnte sich also auch auf dem Boden der bürgerlichen Gesellschaft erfolgreich gegen den Militarismus stellen. Gegen diese Illusion argumentierte erst Rosa Luxemburg. Sie zeigte, dass die bürgerliche Gesellschaft sich immer wieder militarisiert: mit Notwendigkeit. Um das nachzuvollziehen, müssen wir die dickste marxistische Kröte schlucken.[10] Ihr zufolge gibt es ausdifferenzierte Systeme, Lebenswelt und Zivilgesellschaft nicht schlechthin; sie besitzen vielmehr eine einheitliche Grundlage, die ihren bürgerlichen Zuschnitt ausmacht. Diese Grundlage heißt Kapitalismus. Und dessen Kern besteht in der Akkumulation des Kapitals: unaufhörliche Anhäufung von Tauschwerten. Sie aber ist an zwei Stellen mit Gewalt verbunden.

Beide Stellen betreffen das Außenverhältnis des Wertwachstums: einmal in geschichtlicher, einmal in geographischer Hinsicht. Das geschichtliche Außenverhältnis liegt im Anfang der Kapitalakkumulation. Vor der bürgerlichen Gesellschaft hatte es die Akkumulation von Kapital als gesellschaftliche Grundlage nicht gegeben: die Feudalgesellschaft funktionierte anders. Es bedurfte daher einer ursprünglichen Akkumulation, die die weitere Anhäufung von Kapital erst in Gang brachte. Sie erfolgte durch Gewalt.[11] Mittels Enteignung, Vertreibung und Kriegen verloren die Menschen ihre vorkapitalistische Lebensform und wurden zum Verkauf ihrer Arbeitskraft gezwungen – der einzigen Ware, die mehr Wert produziert, als sie selber wert ist, und also die Kapitalakkumulation antreibt. Marx veranschlagte diesen Vorgang auf die frühe Neuzeit. Soweit das geschichtliche Außenverhältnis. Das geographische Außenverhältnis wiederum besteht in der Beziehung kapitalistischer Gesellschaften zu den nicht-kapitalistischen Gesellschaften fremder Länder und Menschen.[12] Auch hier erfolgt eine ursprüngliche Akkumulation: durch Verwertung der nichtkapitalistischen Ressourcen und Lebensformen, die unter das Tauschprinzip gestellt werden. Entsprechend besteht das geographische Außenverhältnis der Kapitalanhäufung in der Kolonialisierung. Bekanntlich vollzog auch sie sich militärisch gewaltsam.

Unter diesen zwei Gesichtspunkten verknüpfte Marx den Kapitalismus mit der Kriegsgewalt. Aber deren Reichweite blieb bei ihm eingeschränkt: auf eine – geschichtliche oder geographische – Ursprungsgewalt nach außen. Im Innenraum des Kapitals hingegen schien das Wertwachstum ohne Gewalt zu erfolgen. Denn Marx' Darstellung beinhaltet: wenn der Kapitalismus einmal läuft, dann beutet er zwar aus, aber er benötigt keine Gewalt der Waffen mehr. Eigentlich jedenfalls. Denn faktisch geht der Kapitalismus durchaus mit Gewalt von Menschen gegen Menschen einher. Und diese Gewalt besitzt ihre Bestimmtheit innerhalb der bürgerlichen, verwertenden Gesellschaft. Doch prinzipiell lässt sich ein Kapitalismus denken, der sich zwar als Verwertung von Arbeitskraft und Natur, also als Herrschaft vollzieht, doch auf den Krieg verzichtet. Hier widersprächen sich die bürgerliche Ausbeutung und der bürgerliche Frieden nicht.

Genau diesen Star stach Rosa Luxemburg. Sie zeigte: die ursprüngliche Akkumulation stellt kein besonderes Stadium dar, sondern ein kapitalistisches Grundprinzip. Denn damit das Wertwachstum stattfinden kann, muss sich das Kapital reproduzieren. Die Reproduktion des Kapitals wiederum hängt vom Verhältnis der Menschen zur Natur sowie von den Verhältnissen der Menschen untereinander ab. Darum besitzt sie neben ihrer ökonomischen Bestimmtheit stets auch «rein historisch-gesellschaftliche Momente».[13] Das bedeutet: ohne äußere Bedingungen läuft der innere Wertprozess nicht. Der Kapitalismus hat immer ein Außenverhältnis. Weil aber alle kapitalistischen Verhältnisse Verwertungsverhältnisse darstellen, besteht auch das Außenverhältnis des Kapitalismus in einer Verwertung. Sie eignet sich das an, was außerhalb ist, um es in den Warentausch einzuspeisen. Darum lässt sich das Problem einer ursprünglichen Akkumulation weder geographisch noch geschichtlich beschränken – es gehört zum Wertprozess selbst.[14] Und entsprechend bildet die Gewalt einer ursprünglichen Akkumulation den steten Schatten der kapitalistischen Wirtschaftsweise.

So schön also System, Lebenswelt und Zivilgesellschaft erscheinen, so hässlich ist ihre Grundlage. Um sich reproduzieren zu können, verlangt das Kapitalverhältnis die andauernde Aneignung anderer Verhältnisse. Und sie erfolgt gewaltsam. Das lag am

Grund der klassischen imperialistischen Kriege, das liegt heute am Grund der Weltordnungskriege. Mit ihnen sucht man die Reproduktionsbedingungen des Kapitals zu ordnen: im Konflikt der Großräume, Staaten oder Rackets. Hier zeigt sich zugleich der blinde Fleck in Luxemburgs Konzept. Denn sie zog den Schluss, dass der Kapitalismus eines Tages sich alle Verhältnisse einverleibt haben werde – und dann zusammenbrechen müsse. Aber in Wahrheit eignet er sich sein Außen nicht nur an. Er schafft auch selber immer wieder neue Außenverhältnisse. Ganze Weltgegenden werden vom globalen Kapitalismus in Wert und außer Wert gesetzt: also innerhalb und außerhalb der Kapitalakkumulation verortet. Entsprechend erzeugt die Reproduktion des Kapitals immer wieder Außenverhältnisse höherer Stufe. Ein Zusammenbruch aus eigener Kraft ist darum von der bürgerlichen Gesellschaft nicht zu erwarten. Und wie die Reproduktion des Kapitals, so bleiben auch deren Kriege erhalten.

Aus diesem Komplex wird der Militarismus als eine Form der Vergesellschaftung verständlich. Er integriert die Menschen in eine bürgerliche Gesellschaft, die zur Aufrechterhaltung ihrer wirtschaftlichen Grundlage Krieg führen muss. Zwar besteht die bürgerliche Gesellschaft nicht nur aus jener Grundlage und deren Zwängen. Vielmehr bildet sie – vom Recht bis zur Religion – einen Komplex gegenläufiger Strebungen. Darum regen sich innerhalb der bürgerlichen Gesellschaft stets neue Kräfte gegen ihre Militarisierung. Indessen werden sie zuletzt von der Notwendigkeit einer ursprünglichen Akkumulation eingeholt. Sie hält den Militarismus am Laufen. Entsprechend versetzt er die bürgerliche Gesellschaft immer wieder in eine andere Tonart: um ihre altbekannte ökonomische Grundlage zu garantieren.

Wenn wir nun auf den Eingangssatz «Der Krieg ist die Fortsetzung der Politik mit anderen Mitteln» zurückschauen, dann sehen wir, dass er nichts anderes als diese Garantie formuliert. Denn der Satz stellt den Krieg in das Kontinuum des bürgerlichen Lebens. Und den sachlichen Grund dieser Kontinuität haben wir inzwischen kennengelernt. Er besteht in der Erhaltung kapitalistischen Wirtschaftens. So reiht sich der Satz unfreiwillig in dessen Bannkreis ein. Allerdings haben wir den Eigensinn des Satzes bislang vernachlässigt. Erst er aber macht die ganze Reichweite des militaristischen Unwesens deutlich: die Verstümmelung des menschlichen Handelns. Gehen wir dem abschließend nach.

Dass in dem Clausewitz-Satz eine ganze Handlungslehre steckt, ist längst bemerkt worden – um die Lehre stark zu machen.[15] Das Ergebnis lässt sich auf eine etwas sperrige Formel bringen: Gegenhandeln aus reflektierender Urteilskraft. Damit ist das Folgende gemeint. Von Hannah Arendt kann man lernen: niemand handelt allein. Vielmehr setzt alles Handeln eine Pluralität von Handelnden voraus.[16] Diese Pluralität erfordert, dass Handelnde sich aktiv voneinander unterscheiden. Sich aktiv voneinander unterscheiden wiederum bedeutet: sich gegeneinander unterscheiden. Darum gehört zum Phänomen des Handelns notwendig das Gegenhandeln. Dieses Gegenhandeln erhält im Krieg seine reinste Prägung. Denn im Krieg würde der Verzicht aufs Gegenhandeln zum eigenen Untergang führen. Hier tritt es daher ausdrücklich hervor. Das ist das Erste.

Mit ihm verbindet sich ein Zweites: die reflektierende Urteilskraft. Kriege sind durch Gegebenheiten geprägt, die Clausewitz «Friktionen» nennt: Hemmungen und Widerstände des Handelns.[17] Sie machen die Unverfügbarkeiten des Handelns deutlich. Denn solche Friktionen zeigen: Handeln kann aufgrund zufälliger, situativer Umstände scheitern. Nun lassen sich zufällige Umstände nicht durch abstrakte Anweisungen bewältigen, die man dann auf die Handlungsumstände nur anzuwenden hätte. Vielmehr vermag allein die situative Erschließung von Handlungsmöglichkeiten die Friktion erfolgreich zu bestehen. Das bedeutet: in kriegerischen Friktionen subsumiert man nicht den Fall unter eine bereits gegebene Regel, sondern reflektiert umgekehrt von dem Fall auf die Regel, unter der er handzuhaben wäre. Das Vermögen hierzu nannte Kant «reflektierende Urteilskraft».[18] Auch sie erhält im Krieg ihre reinste Prägung: weil bei ihrem Scheitern der eigene Untergang droht.

Soweit also die Handlungslehre des Krieges: Gegenhandeln aus reflektierender Urteilskraft. Worin besteht ihr Kern? In der Umdeutung von Pluralität und Streit zu Krieg. Es stimmt ja: Handeln beinhaltet eine aktive Unterscheidung von anderem Handeln. Und es stimmt ebenfalls: Handeln erschließt aus Situationen Handlungsregeln. Aber daraus ergibt sich gerade nicht das Gegenhandeln des Krieges. Denn die reflektierende Urteilskraft erfordert – und das zeigt derselbe Kant, der hier für etwas ganz anderes bemüht wurde – Gemeinsinn.[19] Sachlich hat das folgenden Grund. Gerade weil niemand allein handelt, stellen Handlungsregeln keine privaten Regeln dar. Sie sind prinzipiell geteilte Regeln. Entsprechend setzt jedes Handlungsregelfolgen grundsätzlich die Zustimmung der anderen Handelnden voraus. Hieraus ergibt sich: auch aus einer Situation auf eine Handlungsregel zu reflektieren bezieht eine – fiktive – Zustimmung der anderen ein. Und eben das ist Gemeinsinn: in einer Situation so zu handeln, als ob in ihr alle so handeln würden. Darum hat die reflektierende Urteilskraft mit Gegenhandeln nichts zu tun. Genau umgekehrt: sie setzt ein Miteinanderhandeln aus Gemeinsinn voraus.

Aus diesem Sachverhalt klärt sich sodann die Pluralität des Handelns. Sie liegt ebenfalls im Miteinanderhandeln aus Gemeinsinn beschlossen. Denn dieses Miteinanderhandeln ist nicht entschieden. Jedes Handeln weiß: seine Situationsbewältigung könnte irren. Entsprechend kann es die Zustimmung anderen Handelns nicht erzwingen. Sie bleibt eine fiktive Zustimmung. Daher hält alles Handeln die Möglichkeit des Streites offen. Auf diese Weise gehört der Streit zum Gemeinsinn dazu. Mehr noch: nur weil das Handeln aus Gemeinsinn erfolgt, kann es Streit geben. Schließlich ergibt der Streit um eine Situationsbewältigung allein dann Sinn, wenn man prinzipiell die Zustimmung der anderen voraussetzt. Sonst wäre die Abweichung gleichgültig. Das Ergebnis dieses Zusammenhanges: ein jedes Handeln weiß sich von anderem Handeln verschieden – und zugleich mit ihm verbunden. Beides ist in dem vorausgesetzten Gemeinsinn enthalten.

All das gibt der Krieg auf. Er zerlegt das Miteinanderhandeln in Gegenhandeln und verfehlt so geradewegs die Voraussetzung allen Handelns: den Gemeinsinn. Die aus Clausewitz gesogene Handlungslehre entpuppt sich als eine Lehre von der Handlungszerstörung. Mit ihr plaudert sie das Geheimnis des Krieges aus: er ist der Unmöglichkeitsraum des Handelns. In ihm zergeht das Handeln in bloß instrumentelles Tun. Es ist wirklich nur ein Mittel. Entsprechend bildet der Militarismus die Vergesellschaftungsform, die das Miteinanderhandeln der Menschen außer Kraft setzt. Aber die praktische Freiheit der Menschen ist an deren Handeln gebunden. Wir müssen schließen: der Militarismus ist der Zustand radikaler Unfreiheit.

Nachwort

Unter zehn Gesichtspunkten haben wir auf den Krieg reflektiert. Neun von ihnen führten in Aporien. Die Weltgeschichte mündete in Resignation; das Recht mündete in Schicksal; die Macht mündete in Bosheit; die Befreiung mündete in Herrschaft; die Selbsterhaltung mündete in Selbstverstümmelung; das Heldentum mündete in Rechthaberei; die Institution mündete in Ausgesetztsein; die Angst mündete in Vernichtung; und die Religion mündete in Gewalt. Der zehnte Gesichtspunkt schließlich artikulierte die allgemeine Vergesellschaftungsform all dieser Aporien: den Militarismus mit seiner Erstickung menschlichen Miteinanderhandelns.

Weil die Bestimmungen sich in Aporien verwickeln, verneinen sie den Krieg. Allerdings tun sie das nicht von einem äußeren Standpunkt aus. Sie ergaben sich ja aus den Eigenheiten des konkreten Kriegskomplexes selber. Es ist der Krieg der «Zeitenwende», der weltgeschichtliche Bedeutung, rechtliche Geltung, machtkonstellativen Sinn, befreiende Kraft und heldische Verfassung beansprucht. Und es sind *seine* postsäkulare Religiosität, seine Angst und seine Institutionen, die in Grenzsituation, Hoffnungslosigkeit und identitäres Entweder-Oder umschlagen. So entspringen die Bestimmungen des Krieges seinen eigenen Ansprüchen. Das heißt: ihr Nein kommt nicht von außen, sondern von innen. Sie verneinen den Krieg, indem sie ihn darstellen – die Darstellung des Militarismus ist Antimilitarismus.

Das führt uns zu einem methodischen Prinzip. Die Verneinung einer Sache von innen heraus nannte Hegel «bestimmte Negation», ihr Gegenteil «abstrakte Negation». Abstrakt ist eine Verneinung dann, wenn sie von einem festen äußeren Standpunkt an etwas herantritt und es von dort aus bestreitet, anstatt sich auf die Eigenbestimmtheit der Sache einzulassen. Nicht selten erfolgt die Absage an den Krieg von einem solchen Standpunkt aus. Daran ist nicht unbedingt etwas zu bemängeln – außer, dass es der Sache eben äußerlich bleibt. Man weiß hier allgemein, «abstrakt», dass der Krieg schlecht ist, und sagt Nein zu ihm. Eine solche Verneinung verzichtet darauf, das Verneinte wirklich zu verstehen. Sie kann daher leicht ausgehebelt werden: als unwissend, naiv, willkürlich. Dann stehen sich eine Prokriegshaltung und eine Antikriegshaltung gegenüber – und die stärkere gewinnt.

Ganz anders vollzieht sich eine bestimmte Negation des Krieges. Indem sie den Anspruch erhebt, aus dem Verständnis der Sache heraus deren Verneinung zu gewinnen, tritt sie nicht als zusätzliche Einstellung zum Sachverständnis hinzu. Vielmehr heißt die Sache verstehen hier zugleich: sie verneinen. Gilt das, so gewinnt nicht die stärkere Haltung. Vielmehr macht sich das angemessene Sachverständnis geltend. Statt Meinungen aufeinanderprallen zu lassen wird um Sachkenntnis gerungen. Und entsprechend dreht sich der argumentative Streit dann um die Frage, ob die bestimmte Negation tatsächlich ihre Sache verstanden hat. Sie, und nicht die Frage nach der richtigen Haltung, bestimmt hier die Kontroverse.

Ob die zehn Bestimmungen den Krieg tatsächlich verstanden haben, kann von ihrem Autor natürlich nicht entschieden werden, sondern steht zur Debatte. Ihr Anspruch aber lautet auf sachangemessene Darstellung. Darum wissen sie sich als bestimmte Negationen des Krieges. Und noch eine andere Seite der bestimmten Negation ist für sie wichtig. Wenn eine Sache durch ihre angemessene Darstellung verneint wird, dann verweist diese Darstellung zugleich auf die Überwindung dieser Sache. Entsprechend müsste die Darstellung des Militarismus zumindest eine Ahnung davon aufleuchten lassen, was jenseits des militaristischen Komplexes erkennbar wäre. Die Darstellung des Militarismus wäre dann nicht nur Antimilitarismus, sondern griffe auf den Zustand seiner Überwindung aus.

Dessen vertrauter Name lautet «Frieden». Von ihm war bislang wenig die Rede. Dabei schließt doch das Nein zum Krieg das Ja zum Frieden ein. Indessen zögert man, über den Frieden inhaltlich zu sprechen. Dieses Zögern könnte bedeuten, dass es sich beim Frieden um ein Luftgespinst handelt. Sich auf ihn auszurichten würde dann die Wirklichkeit des Menschseins verfehlen – und vielleicht Schlimmeres anstoßen, als es ein klarer Blick für die Notwendigkeiten des Krieges täte. (Allerdings haben dessen Notwendigkeiten so viel Leid in die Welt gebracht, dass ein Luftgespinst kaum Schlimmeres anstoßen könnte.) Tatsächlich aber verhält es sich anders. Dass man vom Frieden nicht spricht und dennoch vom Krieg nicht schweigt, beruht einfach darauf, dass die Friedensrede rasch in Kitsch mündet. Nur theologisch lassen sich ohne Scham Worte sprechen wie «Wolf und Lamm sollen weiden zugleich, der Löwe wird Stroh essen wie ein Rind, und die Schlange soll Erde essen» oder «Selig sind, die Frieden stiften; denn sie werden Gottes Kinder heißen». Holt man sie aus der theologischen Rede heraus, in der sie unlösbar mit dem Ersten und Letzten verbunden sind, werden sie sentimental.

Aus diesem Grund scheint das Nein des Antimilitarismus die äußerste Möglichkeit sinnvoller Rede über den Krieg zu bilden. Allerdings bedeutet das nicht, dass man gar keine Aussage über seine Perspektive treffen könnte. Wir haben ja gesehen, dass der Militarismus das Miteinanderhandeln radikal ausschaltet. Seine Verneinung verneint daher diese Ausschaltung: ebenfalls radikal. Und hieraus ergibt sich die Perspektive des Antimilitarismus: er geht auf die radikale Möglichkeit freien Miteinanderhandelns. Das ist nicht wenig. Denn es erteilt einerseits Auskunft über seine Vollzugsform und antizipiert anderseits die Lebensform, zugunsten derer sein Vollzug die bürgerliche Gesellschaft mit ihrem militaristischen Schatten zu überwinden sucht: beides geht an die Wurzel des Miteinanderhandelns. Wie sich das vollziehen könnte, wäre demnach die wichtigste Angelegenheit politischer Urteilskraft.

Hier blitzt auf, was es mit der Idee des Friedens auf sich haben könnte: sie umrisse den Gelingensbereich freien Miteinanderhandelns. Mehr lässt sich wohl nicht sagen. Aber es bildet einen neuen Abschlussgedanken. In ihm wären die Fluchtlinien einer Weltgeschichte zusammengeführt, die ihre Zukunft nicht vergisst, sondern aus der Verneinung der militaristischen Gegenwart entwirft. So würde die zerbrochene Weltgeschichte der Resignation, deren unbewältigten Wiedergänger der Zeitenwendekrieg darstellt, durch eine Weltgeschichte der Antizipation überwunden.

Anmerkungen

Vorwort

1 Auf Wiederholung bereits andernorts veröffentlichter Erwägungen wird weitgehend verzichtet. Siehe vor allem *Verf.*, Kriegszivilgesellschaft, in: Merkur 878 (Juli 2022), S. 55–64; *ders.*, Bedingungen für Krieg, in: Merkur 890 (Juli 2023), S. 57–69. Letztgenanntes enthält substantielle Ergänzungen zu den Reflexionen auf Recht und Macht. Ferner zum Religionsbegriff *Verf.*, Glauben und Wissen, in: Merkur 848 (Januar 2020), S. 45–54, und zum Krisenbegriff, der hinter dem Ganzen steht, *ders.*, Die enggeführte Krise, in: Merkur 860 (Januar 2021), S. 61–71.

I. Weltgeschichte

1 *Georg Wilhelm Friedrich Hegel*, Grundlinien der Philosophie des Rechts § 340.
2 Ibidem § 345.
3 Alle Ausdrücke bei *Olaf Scholz*, The Global Zeitenwende, in: Foreign Affairs 102 (2023), Nr. 1. – Zuerst gebraucht hatte der deutsche Bundeskanzler das Wort von der Zeitenwende in seiner Regierungserklärung vom 27.2.2022: bereits drei Tage nach dem russischen Einmarsch.
4 *Johann Wolfgang Goethe*, Campagne in Frankreich 1792, in: *ders.*, Sämtliche Werke nach Epochen seines Schaffens (Münchner Ausgabe) 14, München 1986, S. 335–516, hier: S. 385.
5 *Georg Wilhelm Friedrich Hegel*, Vorlesungen über die Philosophie der Geschichte (= Jubiläumsausgabe XI), Stuttgart 1928, S. 49.
6 *Hegel*, Grundlinien der Philosophie des Rechts § 342.
7 *Hegel*, Philosophie der Geschichte, S. 46; ferner S. 92.
8 *Dieter Henrich*, Was ist Metaphysik – was Moderne? in: *ders.*, Konzepte. Essays zur Philosophie in der Zeit, Stuttgart 1987, S. 11–43, hier: S. 26 ff.
9 *August von Cieszkowski*, Prolegomena zur Historiosophie, Berlin 1838, S. 9 ff.; *Moses Hess*, Die europäische Triarchie, Leipzig 1841, S. 12 ff.

10 *Friedrich Schiller*, Resignation, in: *ders.*, Nationalausgabe 2/I, Weimar 1983, S. 401–403.

11 Das zeigt *Eberhard Jüngel*, «Die Weltgeschichte ist das Weltgericht» aus theologischer Perspektive, in: *Rüdiger Bubner* und *Walter Mesch* (Hrsg.), Die Weltgeschichte – das Weltgericht? Stuttgarter Hegel-Kongreß 1999, Stuttgart 2001, S. 13–33.

12 *Karl Marx*, Der achtzehnte Brumaire des Louis Bonaparte, in: Marx-Engels-Werke 8, Berlin 1968, S. 111–207, hier: S. 115.

II. Recht

1 *Markus C. Schulte von Drach*, Welches Völkerrecht darf's denn heute sein? in: Die Zeit vom 21. März 2014.

2 *Jürgen Habermas*, Zeit der Übergänge. Kleine Politische Schriften IX, Frankfurt am Main 2001, S. 26.

3 *Platon*, Alkibiades I 109 c 1–5. – Die Echtheit des Dialogs ist umstritten.

4 Alkibiades I 118 a 4 ff.

5 Dazu die klassische Arbeit von *Felix Heinimann*, Physis und Nomos. Herkunft und Bedeutung einer Antithese im griechischen Denken des 5. Jahrhunderts (= Schweizerische Beiträge zur Altertumswissenschaft 1), Basel 1945.

6 Sie bestimmt ausdrücklich den Horizont von *Jürgen Habermas*, Faktizität und Geltung. Beiträge zur Diskurstheorie des Rechts und des demokratischen Rechtsstaats, Frankfurt am Main 1992.

7 Das zeigen *Armin von Bogdandy* und *Ingo Venzke*, In wessen Namen? Internationale Gerichte in Zeiten globalen Regierens, Berlin 2014, S. 196 ff. und S. 290 ff.

8 *Immanuel Kant*, Idee zu einer allgemeinen Geschichte in weltbürgerlicher Absicht, sowie *ders.*, Zum Ewigen Frieden, beides in: *ders.*, Akademie-Ausgabe VIII, Berlin 1923, S. 15–31, zumal S. 24 ff., bzw. S. 341–386, zumal S. 383 ff.

9 Dazu *Njoki Wamai*, International Relations and the International Criminal Court, in: *Nic Cheeseman* u. a. (Hrsg.), The Oxford Handbook of Kenyan Politics, Oxford 2020, S. 562–575.

10 *Andreas Gryphius*, Uber den Untergang der Stadt Freystadt, in: *ders.*, Gesamtausgabe der deutschsprachigen Werke III, Tübingen 1964, S. 171–173, hier: S. 172.

11 *Carl Schmitt*, Der Begriff des Politischen. Text von 1932 mit einem Vorwort und drei Corrolarien, [3]Berlin 1991, zumal S. 45 ff.; *ders.*, Der Nomos der Erde im Völkerrecht des Jus Publicum Europaeum, [5]Berlin 2011, S. 112 ff.; *Hanno Kesting*, Geschichtsphilosophie und Weltbürgerkrieg. Deutungen der Geschichte von der Französischen Revolution bis zum Ost-West-Konflikt, Heidelberg 1959.

12 Trotz einigem Wirrwarr bedenkenswert: *Robert Kurz*, Weltordnungskrieg. Das Ende der Souveränität und die Wandlungen des Imperialismus im Zeitalter der Globalisierung, Neuauflage Springe 2021.
13 *Carl Schmitt*, Die Wendung zum diskriminierenden Kriegsbegriff, [4]Berlin 2007.
14 So *Hermann Klenner*, Vom Recht der Natur zur Natur des Rechts (= Staats- und rechtstheoretische Studien 14), Berlin 1984, S. 200. Ferner *ders.*, Menschenrechte als Maß für Intervention und Kooperation, in: *ders.*, Marxismus und Menschenrechte. Studien zur Rechtsphilosophie, Berlin 1982, S. 159–201.
15 *Walter Benjamin*, Zur Kritik der Gewalt, in: *ders.*, Gesammelte Schriften II/1, Frankfurt am Main 1977, S. 179–203, hier: S. 181 ff.
16 Ibidem, S. 196.

III. Macht

1 Bekannt sind die Darlegungen von *John J. Mearsheimer*, Playing with Fire in the Ukraine, in: Foreign Affairs 101 (2022), Nr. 5, sowie bereits *ders.*, Why the Ukraine Crisis is the West's Fault, in: Foreign Affairs 93 (2014), Nr. 5. Den theoretischen Rahmen errichtet *ders.*, The Tragedy of Great Power Politics, New York 2001.
2 *Isaiah Berlin*, Realism in Politics, in: *ders.*, The Power of Ideas, Princeton 2000, S. 134–142, hier: S. 134.
3 *Leopold von Ranke*, Die großen Mächte, in: *ders.*, Die großen Mächte. Politisches Gespräch, Frankfurt am Main und Leipzig 1995, S. 9–70, hier: S. 10.
4 Ibidem, S. 68 f.
5 Diese Spannung ist das Thema von *Ludwig Dehio*, Gleichgewicht oder Hegemonie. Betrachtungen über ein Grundproblem der neueren Staatengeschichte. Mit einem Nachwort von *Klaus Hildebrand*, Zürich 1996 (Erstauflage 1948).
6 *Paul Kennedy*, The Rise and Fall of the Great Powers. Economic Change and Military Conflict from 1500 to 2000, New York 1987.
7 *Peter Hacks*, Jona, Beiwerk und Hintersinn, in: *ders.*, Jona. Trauerspiel in fünf Akten, Berlin und Weimar 1989, S. 99–133, hier: S. 101 und S. 102.
8 *Johann Wolfgang Goethe*, Gespräch mit Friedrich Wilhelm Riemer vom 13. Dezember 1806, in: *Woldemar von Biedermann* (Hrsg.), Goethes Gespräche II, Leipzig 1889, S 121.
9 *Ekkehart Krippendorff*, Staat und Krieg. Die historische Logik politischer Unvernunft, Frankfurt am Main 1985; *ders.*, «Wie die Großen mit den Menschen spielen». Versuch über Goethes Politik, Frankfurt am Main 1988; *ders.*, Militärkritik, Frankfurt am Main 1993; *ders.*, Goethe. Politik gegen den Zeitgeist, Frankfurt am Main 1999; *ders.*, Kritik der Außenpolitik, Frankfurt am Main 2000.

10 Sie artikulierte *Friedrich Meinecke*, Weltbürgertum und Nationalstaat. Studien zur Genesis des deutschen Nationalstaates (= Werke V), München 1963.
11 *Jacob Burckhardt*, Über das Studium der Geschichte, in: *ders.*, Kritische Gesamtausgabe X, München/Basel 2000, S. 354–558, hier: S. 371 ff. – Zur Potenzenlehre *Jürgen Osterhammel*, Jacob Burckhardts «Über das Studium der Geschichte» und die Weltgeschichtsschreibung der Gegenwart (= Jacob-Burckhardt-Gespräche auf Castelen 36), Basel 2019, S: 55 ff. – Nur am Rande sei bemerkt, daß auch Dehios Überlegungen zu Gleichgewicht und Hegemonie mit einem Rückgriff auf Burckhardt ausklingen. Siehe *Dehio*, op. cit., S. 375 ff.
12 Ibidem, S. 410.
13 *Lionel Gossman*, Basel in the Age of Burckhardt. A Study in Unseasonable Ideas, Chicago 2000.
14 *Burckhardt*, op. cit., S. 419.

IV. Befreiung

1 *Friedrich Nietzsche*, Jenseits von Gut und Böse, in: *ders.*, Kritische Gesamtausgabe VI/2, Berlin 1968, S. 3–255.
2 *Karl Löwith*, Nietzsches Philosophie der ewigen Wiederkehr des Gleichen, Stuttgart 1956, S. 31 ff.
3 *Friedrich Nietzsche*, Die fröhliche Wissenschaft (= Kritische Gesamtausgabe V/2), Berlin/New York 1973, S. 256 ff.
4 *Michel Foucault*, Du gouvernement des vivants. Cours au Collège de France (1979–1980), Paris 2012, S. 92 ff.
5 *Friedrich Nietzsche*, Ueber Wahrheit und Lüge im aussermoralischen Sinne, in: *ders.*, Kritische Gesamtausgabe III/2, Berlin/New York 1973, S. 367–384, hier: S. 374.
6 *Nietzsche*, Die fröhliche Wissenschaft, S. 323. – Zur Deutung der Verse *Walter Schulz*, Subjektivität im nachmetaphysischen Zeitalter, Pfullingen 1992, S. 213 ff.
7 Zumal von *Alfred Baeumler*, Nietzsche der Philosoph und Politiker, Leipzig 1931, S. 62 ff.
8 *Antonio Negri* und *Michael Hardt*, Empire, Cambridge, Mass. 2000.
9 Ibidem, S. 54 ff.
10 *Karl Marx*, Der achtzehnte Brumaire des Louis Bonaparte, in: Marx-Engels-Werke 8, Berlin 1968, S. 111–207, hier: S. 196. – Über die Entwicklung der Maulwurfmetapher *Karlheinz Stierle*, Der Maulwurf im Bildfeld. Versuch zu einer Metapherngeschichte, in: Archiv für Begriffsgeschichte 26 (1982), S. 101–143.
11 *Hardt* und *Negri*, op. cit., S. 57 ff.
12 *Michel Foucault*, Une esthétique de l'existence, in: *ders.*, Dits et écrits IV,

Paris 1994, S. 730–734. Ferner *ders.*, Le souci de soi. Histoire de la sexualité III, Paris 1984, zumal S. 55 ff.

13 So *Martin Schulze Wessel*, Der Fluch des Imperiums. Die Ukraine, Polen und der Irrweg in der russischen Geschichte, München 2023, S. 14. Der Auftakt bestimmt das gesamte Buch.

14 Dazu *Günter Bartsch*, Revolution von rechts? Ideologie und Organisation der Neuen Rechten, Freiburg 1975, S. 53 ff.; *Reinhard Opitz*, Faschismus und Neofaschismus II, Köln 1986, S. 105 ff.

15 *Alfred Mechtersheimer*, Nation und Internationalismus. Über nationales Selbstbewußtsein als Bedingung des Friedens, in: *Heimo Schwilk* und *Ulrich Schacht* (Hrsg.), Die selbstbewußte Nation. «Anschwellender Bocksgesang» und weitere Beiträge zu einer deutschen Debatte, Berlin 1994, S. 345–363. – In unseren Tagen finden sich zumal im «Institut für Staatspolitik» Positionen eines rechten Antiimperialismus. Programmatisch *Benedikt Kaiser*, Die offenen Flanken des Antiimperialismus, in: Sezession 71 (2016), S. 14–17.

16 *NoViolet Bulawayo*, Glory, London 2022, S. 394 ff.

V. Selbsterhaltung

1 Klassisch *Wilhelm Dilthey*, Die Autonomie des Denkens, der konstruktive Rationalismus und der pantheistische Monismus nach ihrem Zusammenhang im 17. Jahrhundert, in: *ders.*, Gesammelte Schriften II, Leipzig und Berlin 1921, S. 246–296, hier: S. 283 ff.

2 *Thomas Hobbes*, Leviathan XIII; *ders.*, De Cive I, 12–13.

3 Dazu *Bernard Willms*, Thomas Hobbes. Das Reich des Leviathan, München 1987, S. 71–88.

4 De Cive IV, 7.

5 *Baruch de Spinoza*, Ethica III, Propositio VI.

6 Ethica I, Propositio XV.

7 *Carl Schmitt*, Der Leviathan in der Staatslehre des Thomas Hobbes. Sinn und Fehlschlag eines politischen Symbols (1938). Mit einem Anhang und einem Nachwort des Herausgebers *Günter Maschke*, Köln 1982.

8 *Baruch de Spinoza*, Tractatus politicus II, 17.

9 *Antonio Negri*, L'anomalia selvaggia. Saggio su potere e potenza in Baruch Spinoza, Mailand 1981; *ders.* und *Michael Hardt*, Empire, Cambridge, Mass. 2000, insbes. S. 60 ff. und S. 292 ff.

10 Dazu *Dieter Henrich*, Die Grundstruktur der modernen Philosophie, und *ders.*, Selbstbewußtsein und Selbsterhaltung, beides in: *ders.*, Selbstverhältnisse. Gedanken und Auslegungen zu den Grundlagen der klassischen deutschen Philosophie, Stuttgart 1987, S. 83–108 und S. 109–130.

11 Die folgende Verknüpfung von Selbsterhaltungsstreben, Weltbeherrschung und Subjektbeherrschung bildet den Kern jener Dialektik der

Aufklärung, die Horkheimer und Adorno in den Zeiten eines Zweiten Weltkrieges aufspürten. Siehe *Max Horkheimer* und *Theodor W. Adorno*, Dialektik der Aufklärung. Philosophische Fragmente, in: *Max Horkheimer*, Gesammelte Schriften V, Frankfurt am Main 1987, S. 13–290, zumal S. 25–66. Ferner *ders.*, Vernunft und Selbsterhaltung, in: op. cit., S. 320–350.

12 *Jürgen Habermas*, Kommunikatives Handeln und detranszendentalisierte Vernunft, in: *ders.*, Philosophische Texte. Studienausgabe II, Frankfurt am Main 2009, S. 146–207, hier: S. 149 ff.

13 Das zeigt *Rainer Forst*, Moralische Autonomie und Autonomie der Moral. Zu einer Theorie der Normativität nach Kant, in: *ders.*, Das Recht auf Rechtfertigung, Frankfurt am Main 2007, S. 74–99.

14 *Michel Foucault*, L'éthique de souci de soi comme pratique de liberté, in: *ders.*, Dits et écrits IV, Paris 1994, S. 708–729; *ders.*, L'histoire de la sexualité III. Le souci de soi, Paris 1997.

15 *Sigmund Freud*, Jenseits des Lustprinzips, in: *ders.*, Gesammelte Werke XIII, London 1940, S. 1–69, zumal S. 57 ff. Ferner *ders.* Warum Krieg? in: *ders.*, Gesammelte Werke XVI, London 1950, S. 11–27, hier: S. 22.

16 Nur als seltsame Fußnote können heute Hans Ebelings einst beachtete Versuche angeführt werden, Selbsterhaltung und Krieg zu verknüpfen. Zur Zeit des NATO-Doppelbeschlusses pumpten sie das Konzept «Selbsterhaltung» mit heideggerisierendem Vokabular auf und stellten Heideggers «Gestell» ein «Gerüst» zur Seite, das die Aufrüstung seinsmäßig erfassen sollte. Flankierend dazu sangen sie das Lied von der deutschen Nation, die sich gegen das Gerüst stellen möge. Heidegger schrieb davon, dass Europa sich im Zangengriff Russlands und Amerikas befinde; ihm war der deutsche Faschismus – bzw. «die Wahrheit der Bewegung» – der gescheiterte Versuch, sich aus der Zange zu winden. Ebeling übertrug diese Aufgabe der deutschen Friedensbewegung. *Hans Ebeling*, Rüstung und Selbsterhaltung. Kriegsphilosophie, Paderborn 1983; *ders.*, Gelegentlich Subjekt. Gesetz: Gestell: Gerüst, Freiburg/München 1983; *ders.*, Neue Reden an die deutsche Nation? Vom Warencharakter des Todes, Freiburg/München 1984. Eine Kostprobe: «Auf unserem Territorium schreitet die exzessivste Rüstung der Kriegsgeschichte voran: ohne zureichende Gegenwehr. […] Unberührt vom Nationalen wie vom Anti-Nationalen, freilich bezogen auf die Lage der Deutschen Nation, geht es mir um ein politisches Teilstück der Beziehung von *Vernunft und Widerstand* […] – in einem weit ärger als 1807, nämlich zu Tode besetzten Land, liege dieses schon unbekannte Deutschland westlich oder östlich der aufgezwungenen Systemgrenze. Soviel ist gewiß: das Rettende wächst nicht durch weitere blinde Unterwerfung, sondern allein durch augenblickliche, wenn auch: sehr überlegte Abkehr von den Hegemonialmächten.» (Neue Reden, S. 5 f.).

VI. Helden

1 *Bertolt Brecht*, Legende vom toten Soldaten, in: *ders.*, Die Gedichte, Frankfurt am Main 1981, S. 256.
2 *Karl Schlögel*, Bomben auf die Mutter der russischen Städte, in: Frankfurter Allgemeine Zeitung vom 12. März 2022; *Herfried Münkler*, Mit politischer Romantik ist niemandem geholfen, in: Frankfurter Allgemeine Zeitung vom 16. März 2022.
3 Ilias V, 890 (Übertragung Schadewaldt).
4 Dazu *Karl Reinhardt*, Die Krise des Helden, in: *ders.*, Tradition und Geist. Gesammelte Essays zur Dichtung, Göttingen 1960, S. 420–427.
5 *Werner Sombart*, Helden und Händler, München und Leipzig 1915.
6 *Ernst Jünger*, Der Kampf als inneres Erlebnis, sowie *ders.*, Die Totale Mobilmachung, *ders.*, Sämtliche Schriften VII, Stuttgart 1980, S. 9–103, bzw. S. 119–142; *ders.*, Der Arbeiter. Herrschaft und Gestalt, in: *ders.*, Sämtliche Schriften VIII, Stuttgart 1981, S. 9–317.
7 *Jünger*, Der Arbeiter, S. 70.
8 *Werner Best*, Der Krieg und das Recht, in: *Ernst Jünger* (Hrsg.), Krieg und Krieger, Berlin 1930, S. 135–161.
9 Dazu *Armin Mohler*, Die Konservative Revolution in Deutschland 1918–1932. Ein Handbuch, Darmstadt 1989, S. 123 ff. Die Darstellung von *Stefan Breuer*, Anatomie der Konservativen Revolution, Darmstadt 1993, hat auch hier einen blinden Fleck. Sie kann mit Denkformen nicht viel anfangen und klammert sich daher an politisch-soziologische Programme.
10 Konzise *Herfried Münkler*, Heroische und postheroische Gesellschaften, in: Merkur 700 (September 2007), S. 742–752.
11 *Richard Rorty*, Posties, in: London Review of Books vom 3. September 1987.
12 *Ferdinand Tönnies*, Gemeinschaft und Gesellschaft (= Gesamtausgabe II), Berlin/Boston 2019.
13 *Ulrich Bröckling*, Postheroische Helden. Ein Zeitbild, Berlin 2020. – Mit seinem Buch wollte der Autor das Heroische «kaputtdenken» (S. 225 ff.). Der Zeitenwendekrieg hat das makuliert.
14 Dazu *Dieter Henrich*, Denken und Selbstsein. Vorlesungen über Subjektivität, Berlin 2007.

VII. Institutionen

1 *Wilhelm Dilthey*, Weltanschauungslehre. Abhandlungen zur Philosophie der Philosophie (= Gesammelte Schriften VIII), Leipzig und Berlin 1932, S. 82.

2 Ibidem, S. 208.
3 *Karl Jaspers*, Philosophie II. Existenzerhellung (= Gesamtausgabe I/7.2), Basel 2022, S. 175–218.
4 *Karl Jaspers*, Psychologie der Weltanschauungen (= Gesamtausgabe I/6), Basel 2019, S. 284 ff.
5 Davon zeugt *Martin Heidegger*, Bemerkungen zu Karl Jaspers «Psychologie der Weltanschauungen», in: *ders.*, Wegmarken (= Gesamtausgabe I/9), Frankfurt am Main 1976, S. 1–44, sowie *ders.*, Sein und Zeit (= Gesamtausgabe I/2), Frankfurt am Main 1977, S. 331.
6 *Jaspers*, Psychologie der Weltanschauungen, S 243 ff.
7 Ibidem, S. 244.
8 Ibidem, S. 286 der direkte Bezug auf Weber im Zusammenhang des Gehäusekonzeptes. Ferner *Karl Jaspers*, Max Weber. Gesammelte Schriften. Mit einer Einführung von *Dieter Henrich*, München 1988.
9 *Max Weber*, Der Geist des Kapitalismus und die protestantische Ethik (= Gesamtausgabe I/18), Tübingen 2016, S. 487.
10 *Georg Lukács*, Theorie des Romans. Ein geschichtsphilosophischer Versuch über die Formen der großen Epik, in: *ders.*, Werke I, Bielefeld 2018, S. 527–608, hier: S. 535.
11 *Max Weber*, op. cit., S. 488: «Fachmenschen ohne Geist, Genußmenschen ohne Herz: dies Nichts bildet sich ein, eine nie vorher erreichte Stufe des Menschentums erstiegen zu haben.»
12 Zum Konzept der neuen Kriege *Mary Kaldor*, New and Old Wars. Organized Violence in a Global Era, [3]Stanford 2012. Ähnlich gewisse Ausführungen von *Martin van Creveld*, The Transformation of War, New York 1991, S. 192 ff.
13 *Max Horkheimer*, Die Rackets und der Geist, in: *ders.*, Gesammelte Schriften XII, Frankfurt am Main 1985, S. 287–291.
14 Zumal *Theodor W. Adorno*, Reflexionen zur Klassentheorie, in: *ders.*, Gesammelte Schriften VIII, Frankfurt am Main 1972, S. 373–391, hier: S. 379 ff. *Otto Kirchheimer*, Zur Frage der Souveränität, in: *ders.*, Politik und Verfassung, Frankfurt am Main 1964, S. 57–95.
15 *Thorsten Fuchshuber*, Rackets. Kritische Theorie der Bandenherrschaft, Freiburg 2019. Fuchshuber interpretiert auch das gegenwärtige Russland als eine Racketgesellschaft (S. 550 ff.).
16 *Immanuel Kant*, Zum ewigen Frieden, in: *ders.*, Akademie-Ausgabe VIII, Berlin 1912, S. 341–386, hier: S. 366.
17 *Arnold Gehlen*, Urmensch und Spätkultur. Philosophische Ergebnisse und Aussagen, in: *ders.*, Gesamtausgabe V, Frankfurt am Main 2022, S. 1–308, erster Teil.
18 *Arnold Gehlen*, Der Mensch. Seine Natur und seine Stellung in der Welt (= Gesamtausgabe III), Frankfurt am Main 1993, S. 31 ff.
19 *Gehlen*, Urmensch und Spätkultur, S. 133.
20 Wichtige Hinweise bei *Horst-Jürgen Gerigk*, Entwurf einer Theorie des

literarischen Gebildes, Berlin/New York 1975, S. 155 ff. Auf diesen Text machte mich Grit Schwarzkopf aufmerksam.

VIII. Angst

1 Es fällt auf, dass bedeutende Ansätze der politischen Theorie sich lieber mit der Furcht als mit der Angst beschäftigen. In erster Linie *Judith Shklar*, The Liberalism of Fear, in: *Nancy Rosenblum* (Hrsg.), Liberalism and the Moral Life, Cambridge, Mass. 1989, S. 21–39, und *Corey Robin*, Fear. The History of a Political Idea, Oxford 2004.
2 *Platon*, Laches 194 d 1–195 a 1.
3 Ibidem, 197 a 6-c 1.
4 Zur Deutung des Gesamtdialoges *Wolfgang Wieland*, Das sokratische Erbe: Laches, in: *Theo Kobusch* und *Burkhard Mojsisch* (Hrsg.), Platon. Seine Dialoge in der Sicht neuer Forschungen, Darmstadt 1996, S. 5–24, zumal S. 15 ff.
5 Beispielhaft *Platon*, Timaios 29 e 1 ff.
6 Timaios 30 b 6 f.
7 1 Mose 1, 31.
8 Johannes 16, 33.
9 Dazu *Walter Schulz*, Philosophische Aspekte der Angst, in: *ders.*, Vernunft und Freiheit. Aufsätze und Vorträge, Stuttgart 1981, S. 125–139, zumal S. 130 ff.
10 *Sören Kierkegaard*, Der Begriff der Angst, in: *ders.*, Die Krankheit zum Tode und anderes, Köln und Olten 1956, S. 441–640, hier: S. 512.
11 *Martin Heidegger*, Sein und Zeit (= Gesamtausgabe I/2), Frankfurt am Main 1977, S. 246 ff. – Zur Furcht dort S. 186 ff.
12 Ibidem, S. 169 ff.
13 Ibidem, S. 353.
14 Das ist das Wahrheitsmoment der sonst wenig überzeugenden Heideggerkritik durch *Theodor W. Adorno*, Jargon der Eigentlichkeit. Zur deutschen Ideologie, in: *ders.*, Gesammelte Schriften VI, Frankfurt 1973, S. 413–523, hier: S. 503 ff.
15 *Martin Heidegger*, Was ist Metaphysik? in: *ders.*, Wegmarken (= Gesamtausgabe IX), Frankfurt am Main 1976, S. 103–122, hier: S. 111 ff.
16 *Aristoteles*, Metaphysik Γ 1, 1003 a 21 ff.
17 Das bildet den rationalen Kern in Blochs Expressionismus. Siehe *Ernst Bloch*, Das Prinzip Hoffnung (= Gesamtausgabe 5), Frankfurt am Main 1959, zumal S. 224 ff., und *ders.*, Tübinger Einleitung in die Philosophie (= Gesamtausgabe 13), Frankfurt am Main 1970, S. 218 ff. – Eine gute Darstellung Blochs im Kontrast zu Heidegger bietet *Hans Heinz Holz*, Metaphysik, in: *Manfred Buhr* (Hrsg.), Enzyklopädie zur bürgerlichen Philosophie im 19. und 20. Jahrhundert, Leipzig 1988, S. 126–157.

VIII. Religion

1 Die beiden wichtigsten Texte dazu sind *David Hume*, Dialogues Concerning Natural Religion, Cambridge 2007, und *Immanuel Kant*, Die Religion innerhalb der Grenzen der bloßen Vernunft, in: *ders.*, Akademie Ausgabe VI, Berlin 1914, S. 1–202, hier: S. 153 ff.

2 *Jan Assmann*, Moses der Ägypter. Entzifferung einer Gedächtnisspur, München 1998; *ders.*, Die Mosaische Unterscheidung oder der Preis des Monotheismus, München 2003; *ders.*, Monotheismus und die Sprache der Gewalt, Wien 2006.

3 2. Mose 19, 5–6.

4 *Assmann*, Die Mosaische Unterscheidung, S. 49 ff.

5 *Charles Taylor*, The Secular Age, Cambridge, Mass. 2007. – Diese Lage bildet den Horizont des Alterswerkes von *Jürgen Habermas*, Auch eine Geschichte der Philosophie. Band 1: Die okzidentale Konstellation von Glauben und Wissen. Band 2: Vernünftige Freiheit. Spuren des Diskurses über Glauben und Wissen, Berlin 2019.

6 *Karl Marx*, Zur Judenfrage, in: Marx-Engels-Werke 1, Berlin 1968, S. 347–377, hier: S. 356.

7 *Thomas von Aquin*, Summa theologica I, Quaestio 2, Articulus 2, ad primum.

8 *Hermann Lübbe*, Religion nach der Aufklärung, Graz 1986, S. 144 ff.

9 Für das erste zumal *Robert N. Bellah*, Varieties of Civil Religion, New York 1980; für das zweite beispielhaft *Ingolf U. Dalferth*, Kombinatorische Theologie. Probleme theologischer Rationalität, Freiburg 1991.

10 *Michel Foucault*, L'éthique du souci de soi comme pratique de la liberté et verité, und *ders.*, Les techniques de soi, beides in: *ders.*, Dits et écrits IV, Paris 1994, S. 708–729 bzw. S. 783–813. Ferner *ders.*, Le souci de soi. L'histoire de sexualité III, Paris 1984. Angeregt wurde Foucault durch die philosophiegeschichtlichen Deutungen von *Pierre Hadot*, Exercises spirituelles et philosophie antique, Paris 1981.

11 So die Einteilung bei *Eric Hobsbawm*, The Age of Extremes. The Short Twentieth Century 1914–1991, London 1994, Teil II bzw. Teil III.

12 *Michel Foucault*, À quoi rêvent les Iraniens? und *ders.*, Inutile de se soulever? beides in: *ders.*, Dits et Ecrits III, Paris 1994, S. 688–695, zumal S. 893 f. bzw. S. 790–794, zumal S. 792.

13 5. Mose 6, 12.

14 2. Mose 20, 3.

15 2. Mose 20, 2.

16 2. Mose 3, 14. – Zur hier gegebenen Übersetzung *Charles Touati*, Ehye Aser Ehye (Ex 3, 14) comme «L'être avec …», in: *ders.*, Prophètes, talmudistes, philosophes, Paris 1990, S. 89–99.

17 Bezogen auf die amerikanische Revolution aktualisierte den Auszug aus

Ägypten *Michael Walzer*, Exodus and Revolution, New York 1985. Bemerkenswert ist die Kritik von *Edward W. Said*, Michael Walzer's Exodus and Revolution. A Canaanite Reading, in: Grand Street 5 (1986), S. 86–106. Sie erstickte das revolutionäre Handeln in Identitätspolitik. Darum erhellt diese ältere Debatte um einen biblischen Text noch das Elend der heutigen Kämpfe. – Leider füllt *Jan Assmann*, Exodus. Die Revolution der Alten Welt, München 2015, die Lücke seiner Exodusdeutung nicht aus. Insgesamt erreicht diese Darstellung die Eindringlichkeit seiner Arbeiten an der mosaischen Unterscheidung nicht. – *Christoph Menke*, Theorie der Befreiung, Berlin 2021, S. 344–463, hingegen gewinnt den Exodus als einen Fußpunkt der politischen Philosophie zurück. Siehe ferner aus theologischer Sicht *James H. Cone*, God of the Oppressed, [2]Maryknoll 1997, S. 178 ff.

X. Militarismus

1 *Carl von Clausewitz*, Vom Kriege. Jubiläumsausgabe, Bonn 1980, S. 990.

2 *Gerhard Ritter*, Staatskunst und Kriegshandwerk. Das Problem des «Militarismus» in Deutschland. Erster Band: Die altpreußische Tradition (1740—1890), München 1954, S. 9. – Wichtige Stimmen der damaligen Diskussion sind *Ludwig Dehio*, Um den deutschen Militarismus, in: Historische Zeitschrift 180 (1955), S. 43–64, und *Ernst Engelberg*, Über das Problem des deutschen Militarismus, in: Zeitschrift für Geschichtswissenschaft 4 (1956), S. 1113–1145.

3 *Gerhard Ritter*, Die Dämonie der Macht. Betrachtungen über Geschichte und Wesen des Machtproblems im politischen Denken der Neuzeit, München 1948.

4 *Ritter*, Staatskunst und Kriegshandwerk, S. 15 ff.

5 *Karl Liebknecht*, Militarismus und Antimilitarismus. Unter besonderer Berücksichtigung der internationalen Jugendbewegung, in: *ders.*, Gesammelte Reden und Schriften I, Berlin 1958, S. 247–456, hier: S. 267 ff., S. 276 ff. und S. 301 ff.

6 Ibidem, S. 308.

7 *Antonio Gramsci*, Quaderni del carcere, Turin 1973, S. 1222 ff. und 1235 ff.

8 *Liebknecht*, op. cit., S. 288.

9 Diese Unterscheidungen bei *Jürgen Habermas*, Theorie des kommunikativen Handelns, Frankfurt am Main 1982; *ders.*, Faktizität und Geltung. Beiträge zur Diskurstheorie des Rechts und des demokratischen Rechtsstaats, Frankfurt am Main 1992.

10 Sie springt uns aus *Karl Marx*, Zur Kritik der politischen Ökonomie, in: Marx-Engels-Werke 13, Berlin 1968, S. 3–160, hier: S. 8 ff., munter entgegen.

11 *Karl Marx*, Das Kapital. Kritik der politischen Ökonomie I (= Marx-Engels-Werke 23), Berlin 1968, S. 741 ff.

12 Ibidem, S. 792 ff.

13 *Rosa Luxemburg*, Die Akkumulation des Kapitals, in: *dies.*, Gesammelte Werke V, Berlin 1975, S. 5–411, hier: S. 13.

14 Ibidem, S. 296 ff., ferner S. 398 ff.

15 *Ernst Vollrath*, «Neue Wege der Klugheit». Zum methodischen Prinzip der Theorie des Handelns bei Clausewitz, in: Zeitschrift für Politik N. F. 31 (1984), S. 33–76. – Im Hintergrund steht *ders.*, Die Rekonstruktion der politischen Urteilskraft, Stuttgart 1977.

16 *Hannah Arendt*, Vita activa oder Vom tätigen Leben, München 1981, S. 191 ff.

17 *Clausewitz*, op. cit., S. 262 ff.

18 *Immanuel Kant*, Kritik der Urteilskraft, in: *ders.*, Akademie-Ausgabe V, Berlin 1913, S. 165–485, hier: S. 179.

19 Ibidem, S. 237.

Register